Chong-Mi Müller

# Meine Innere Stärke

## Wege und Praktiken zur Inneren Stärke, Heilung und Meisterschaft

CAUSAL Edition

**Impressum**


Herausgeberin: Dr. Ilse Ennsfellner
www.causal.eu
Email: info@causal.eu

Bildnachweis:

Seite 12, 70, 86, 105 und 109,
gezeichnet von Fr. Jelena Majstorovic, nach Vorlage von Fr. Chong-Mi Müller

Seite 69 und 93, gezeichnet von Hrn. Frédéric Joël André,
nach Vorlage von Fr. Chong-Mi Müller



Druck: *alfa* ***PRINT****, s.r.o.,* 03601 Martin, Slowakische Republik
Printed in Slovakia

ISBN 978-3-9502870-1-1

## Gedanken der Herausgeberin

Ich habe dieses Buch deshalb gerne veröffentlicht, da die Autorin, Chong-Mi Müller, viel Erfahrung und Einfühlungsvermögen besitzt, und mit ihren Therapien Menschen bei ihren körperlichen, seelischen und geistigen Problemen erfolgreich unterstützt. Sie gibt einfache, hilfreiche Anleitungen und Praxistipps für den Alltag, ebenso wie für herausfordernde Lebenssituationen.

Das Wissen und die Übungen stammen aus dem fernöstlichen, asiatischen Raum. Sie sind der alten taoistischen Lehre entnommen. Mein Anspruch für dieses Buch ist, Bewährtes aus dieser Lehre zu nehmen und auf aktuelle Anforderungen und Bedürfnisse der heutigen europäischen Kulturen zu übertragen. Das „alte Wissen übersetzen" und für den modernen Menschen, Frau und Mann, anwendbar und wirksam machen, dies ist mein zentrales Anliegen.

Chong-Mi Müller beweist nicht zuletzt mit ihrer bewegten Lebensgeschichte, wie östliche und westliche Kulturen einerseits aufeinander prallen und anderseits ineinander fließen. Aus diesem Spannungsfeld sind viele wertvolle Erkenntnisse und Therapiemöglichkeiten entstanden.

Liebe Leserinnen und Leser, lassen Sie sich auf neue Erfahrungen ein, machen Sie sich selbst ein Bild. Ich wünsche Ihnen viel Erfolg und Erkenntnisse, die ein Vor-Denken ermöglichen.

*Ilse Ennsfellner*

## Inhaltsverzeichnis

## Danke

Dieses Buch wäre ohne die Inspiration meines Lehrers Mantak Chia nicht zustande gekommen. Und ich möchte auch all jenen meinen besonderen Dank aussprechen, die mich dabei unterstützt haben, den geistigen Inhalt zu Papier zu bringen:

Meiner Lektorin Birgit Baader, die mich auf dem Weg zur Erstausgabe mit Geduld gehindert hat, an der deutschen Sprache zu straucheln, Christoph Halbe und Heidi Huber, die den Text mit wertvollen Anregungen bereichert haben, und nicht zuletzt meinem Mann für die konstruktive Unterstützung und die Entlastung von anderen Arbeiten, ohne die ich die Ruhe nicht hätte aufbringen können.

Inzwischen sind mehr als zehn Jahre vergangen, seit ich dieses Buch erstmals veröffentlicht habe. Seitdem haben viele Leser an mich geschrieben und sich bedankt. Ich bin geehrt von den liebevollen Worten, auch von manchem Lob. Umso mehr hat es mich auch gefreut, dass mich eines wunderschönen Sommertages Dr. Jürgen André mit der Verlegerin Dr. Ilse Ennsfellner besuchte, die das vorliegende Buch neu herausgeben wollte. Das Buch sei heilend und könne so vielen helfen, dass sie es für ihre Aufgabe halte, es möglichst vielen Menschen zugänglich zu machen.

Als schließlich die Neuauflage meines Buches anstand, hat mir der Himmel Sigrun Borstelmann geschickt, die mir mit viel Einfühlungsvermögen und Liebe zur Sache geholfen hat, die Texte zu bereichern und in eine neue Struktur zu kleiden.

Dabei stellte ich zu meiner großen Befriedigung aber fest, dass ich es heute noch genau so schreiben würde wie damals. In den vergangenen zehn Jahren seit der Erstauflage haben sich meine Ansichten und Absichten in nichts geändert. Nur aus der Lebenserfahrung heraus, die ich dazu gewinnen durfte, will ich einige Dinge ergänzen.

Gewidmet sei dieses Buch nicht nur meinen Leserinnen und Lesern, sondern auch meinen beiden Söhnen Michael und Thomas.

In Liebe

*Chong-Mi*

감 사 합 니 다

*Koreanisch: Gam Sa Ham Ni Da = Danke sehr*

*- Mein Dank aus tiefstem Herzen -*

## Einführung

Dieses vorliegende Buch ist ein Brief – ein Brief meines tiefsten innersten „Maum" - an meine lieben Leserinnen und Leser. Maum ist Koreanisch und bedeutet in etwa „der bewusste innere Seinszustand". Es drückt den persönlichen Charakter und inneren Entwicklungszustand des Menschen aus.

### Mein äußeres Leben

Ich bin 1940 als zweite Tochter einer Arztfamilie in Kae-Sung in Südkorea geboren. Diese Stadt ist berühmt für Ginseng und liegt heute an der Demarkationslinie in Nordkorea.

Als ich 10 Jahre alt war, brach der Korea-Krieg aus und beide Elternteile starben. Daraufhin kam ich mit meinen drei Geschwistern unter die Obhut unserer Großmutter, die selbst alles im Kriege verlor und nichts hatte. Sie lebte damals mit zwei eigenen minderjährigen Söhnen von der Unterstützung ihrer vier erwachsenen Kinder. Ihr ältester Sohn, mein Vater, war der Hoffnungsträger als Stammhalter für die gesamte Großfamilie. Zu dieser Zeit war es in Korea Sitte, dass der Älteste alle Investitionen und Begünstigungen bekam mit der Auflage, später für alle zu sorgen. Der Tod dieses Stammhalters war nicht nur ein Verlust. Nun musste sie dazu ihre vier Waisen-Enkelkinder versorgen. Unter diesen Umständen war das Leben für alle Beteiligten hart und schmerzlich. Ich fühlte mich ungerecht behandelt und benachteiligt.

Meine Großmutter war eisern diszipliniert und streng, sie hat uns gelehrt und das Kochen, Nähen und andere Künste beigebracht und zur Schule geschickt. Mein heutiges Denken und Handeln ist immer noch von der Erziehung meiner Großmutter geprägt.

Meine gesamte Schulzeit, vom Anfang bis zum Studium war geprägt von Arbeit und Nebenjobs, wie Nähen, Stricken, Korrekturen lesen und Nachhilfelehrerin.

1967 erhielt ich ein Stipendium der Mayer Fashion School. Ich verließ Korea und flog in die heiß ersehnte Stadt New York. Dort war ich 13 Monate. Mein Ziel war es, eines Tages nach Paris zu gehen und sich dort dem Modedesign zu widmen. Dieses Ziel war jedoch durch einen Freund unterbrochen, der mich nach Deutschland einlud. Ich folgte ihm, weil ich insgeheim dachte, damit Paris näher zu kommen.

Ich blieb dann aber in Deutschland, lernte Deutsch im Goetheinstitut, heiratete im Jahre 1969 und bekam 2 Söhne.

Ende der sechziger und Anfang der siebziger Jahre war die Zeit des Wirtschaftwunders und es kamen zwar viele Bergarbeiter und Krankenschwestern aus Korea nach Deutschland. Dennoch war ich allein, gefolgt von meinem eigenem Schicksal, ohne koreanische Freunde. Das Leben in Deutschland war für mich beschwerlich, kränklich und einsam, obwohl ich familiär behütet war.

Die Suche nach einem Heilweg und inneren Frieden führte mich zunächst zum Studium des Naturheilwesens. 1982 wurde ich Heilpraktikerin und 1985 traf ich Tao-Meister Mantak Chia in München, während er eine Workshop-Tournee durch Europa machte.

Seitdem bin ich eifrig am lernen, üben und entdecken des inneren Wesens und von Selbstheilungsmethoden. Ich möchte allen Menschen heilende Wege zeigen und sie ermuntern, dass alles heilbar ist, wenn man es nur will.

**Mein Inneres**

Seit ich denken kann, war ich ein krankes und zerbrechliches Kind. Ich befreite mich des Öfteren von den Zwängen des körperlichen Daseins und schlüpfte aus dem Körper. Oh, wie leicht war es herumzufliegen! Mein Maum war dann ganz und gar in seinem Element.

Jedes Mal aber, wenn ich meinen Körper verließ, holten mich meine Eltern mit allen Mitteln und Mühen wieder zurück. Mein Vater war ein sehr tüchtiger Arzt, so konnte er sein kleines schwaches Töchterlein immer wieder auf die Seite des Lebens retten. Das Zurückkehren in den Körper war für mich jedoch jedes Mal sehr schmerzhaft, so dass ich gleich wieder fliehen wollte. Ich konnte nicht verstehen, warum man mich nicht einfach gehen ließ. Oft empfand ich meinen Körper als lästig. Ich fühlte Schwere und Enge in ihm. Mancher kennt sicher solche und ähnliche Empfindungen. In dieser frühkindlichen Zeit soll ich oft geweint und „Lasst mich allein" geschrien haben. Obwohl mein Vater stolz auf mich war und mich so sehr liebte, war mein Maum voller Vorwürfe. Ich fand alles lästig und sehnte mich nach Ferne und Weite. Die Welt erschien mir so unwirklich, selbst meine Eltern und Geschwister kamen mir überflüssig und fremd vor und ich war unverstanden, einsam und isoliert. Auch in meiner Jugend war ich kränklich, hielt mich von allen möglichen Sportarten und sonstigen körperlichen Belastungen fern. Durch meine Introvertiertheit hatte ich kaum einen Freund. Meine Hauptbeschäftigungen waren daher Beobachten, Fühlen, Lesen oder Grübeln. Ich beurteilte alles recht scharfsinnig, war altklug. Mein Leben und das der anderen um mich herum erlebte ich sehr intensiv, ich nahm alle Dinge zugleich körperlich, geistig und seelisch wahr. Meine hartnäckigen und wiederholten Versuche, mich von jeglichen Zwängen zu befreien, machten mich rebellisch. So stellte ich mich immer wieder ungeschickt an und beging mancherlei Dummheit.

Nun habe ich über 60 Jahre lang gelebt und dabei haben sich Erfahrungen angesammelt, die ich gerne mit allen teilen möchte. Ich habe taoistische Körperübungen und Meditationstechniken gelernt und unermüdlich geübt, auf die ich in diesem Brief noch näher eingehen werde. So konnte ich mich mit der Zeit selbst von vielen Krankheiten und so manch anderen lästigen Zwängen befreien. Heute fühle ich mich gesund und innerlich stark, stehe mit beiden Beinen auf der Erde. Mein Kindheitstraum hat sich realisiert. Ich habe gelernt, im Hier und Jetzt zu leben und zugleich auch frei zu sein. Dadurch spüre ich meine innere Stärke und Selbstvertrauen. Wenn ich ganz in meinem Maum bin, fühle ich mich groß und kräftig und bin großzügig. Manche Schwierigkeiten erscheinen mir in solchen Augenblicken selbstverständlich und sogar lustig.

Ich kann die harten Realitäten aus einem gewissen Abstand betrachten – was mir früher nie gelang. Ich kann über meine eigenen Dummheiten lachen und die anderer besser dulden. Meine äußere Lebenssituation hat sich kaum verändert, doch lebe ich glücklicher und fröhlicher.

Neben Hausfrau, Ehefrau und Mutter von zwei Söhnen bin ich seit vielen Jahren Heilpraktikerin und Tao-Lehrerin. Gelernt habe ich diese Lehre durch meine Großmutter, die tägliche Übungen zur Stärkung und Heilung machte. Meine Begegnung mit Tao-Meister Mantak Chia in München hat diese Erinnerungen wieder geweckt. Ich lernte von ihm sehr viele Selbstheilungsmethoden und wurde bald Tao-Lehrerin, einige Jahre später Senior Tao-Lehrerin und zur „Tao-Lehrerin des Jahres“ gewählt.

Seither versuche ich, diesen selbst gewählten Aufgaben nach meinen besten Möglichkeiten gerecht zu werden. So reise ich durch die ganze Welt und begegne Menschen, erlebe und lerne weiter. Dabei treffe ich immer wieder auf Menschen, die in ihrer eigenen Gefangenschaft leben und leiden. Ich schaue sie an und nehme wahr, wie sehr es mich mit tiefer Dankbarkeit erfüllt, frei zu sein. Mein großes inneres Anliegen ist es daher, möglichst viele Menschen dabei zu unterstützen, sich von persönlichen Zwängen zu befreien und ein eigenverantwortliches Leben zu führen. Ich möchte diejenigen, die noch orientierungslos umhersuchen und verzweifelt sind, trösten und stärken, damit sie nicht aufhören, ihren Weg zu sich selbst zu finden. Ich möchte denjenigen, die krank und hilflos sind, Kraft und Einsicht spenden, damit sie lernen, auf sich zu vertrauen, um sich selbst heilen und entwickeln zu können. Und ich möchte auch diejenigen, die sich verschließen, die noch nicht bereit sind, eigene innere Arbeit zu leisten und sie für nicht nötig halten, bitten, nicht über die anderen zu lästern oder sie gar zu verurteilen. Daher schreibe ich diesen langen Brief an alle, die bereit sind sich weiterzuentwickeln.

Dieser Brief ist an Frauen und Männer in der gleichen Weise gerichtet. Ich habe mich bemüht, weitgehend geschlechtsneutrale Formulierungen zu verwenden, bitte jedoch um Verständnis, dass dies zur leichteren Lesbarkeit nicht immer eindeutig möglich ist.

Wenn wir uns selbst erkennen, unsere Einstellungen zu uns und zum Leben korrigieren, können wir innere Stärke erwerben. Wenn wir wahre innere Stärke erwerben, können wir aufrichtig denken und handeln und stehen besser im Leben. Innere Kraft ist nötig, um Korrekturen an uns und an unserem Lebensstil vornehmen und aktiv handeln zu können. Denken wir daher groß und weiträumig über unser Leben und sehen es in neuen Dimensionen. Etwas überwinden heißt auch, es ertragen. Nicht wegdrängen, sondern sich damit auseinandersetzen, sich hindurch winden, es tragen und verarbeiten. Wir können großartige Meisterinnen und Meister sein und unsere Welt ins Licht führen.

Einander respektieren, einander vertrauen und sich gegenseitig lieben – wie fantastisch muss es sein, einmal in solch einer geheilten Welt zu leben! Wahre Meister und Meisterinnen über sich selbst haben einen weiten Weg hinter sich. Das Tao (der Weg) kennt keine Endgültigkeit.

Meine lieben Leserinnen und Leser, dieser Brief soll dazu anregen und motivieren, das eigene Leben sinnvoll zu gestalten, es freudig und heiter zu meistern. Dabei wünsche ich mir, dass wir alle wahre große Meisterinnen und Meister werden.

마 음

*Koreanisch: Ma Uem = Maum*

*- Maum, der Ausdruck meines tiefsten Inneren -*

## PRINZIPIEN DER ALTEN WEISEN

Tao bedeutet „Weg“, es beinhaltet einen wahrhaftigen, aufrichtigen Lebensweg. Taoisten sind daher nach uralter Lebensanschauung an sich arbeitende, übende Menschen. Diese forschenden und übenden Gelehrten im alten China, die den wahrhaftigen Weg, das „Tao“, suchten und praktizierten, haben die Gesetzmäßigkeit der Natur und des menschlichen Lebens als Prinzipien erkannt. Sie haben nicht nur sich und die Natur in einen harmonischen Zusammenklang gebracht, sondern durch verschiedene Übungen die Transformation von negativen zu positiven, von materiellen zu immateriellen Zuständen vollzogen - bis hin zur vollkommenen Auflösung des eigenen Körpers in der spirituellen Sphäre, ohne mit dem Tod in Berührung zu kommen. Sie haben nicht nur ihr Schicksal in die Hand genommen, sondern diesem bereits vorgegriffen. Sie hinterließen uns viele wirksame Praktiken, die auf ihrem jahrtausende alten Wissen und ihren Erfahrungen aufbauten. So erlangten sie die machtvolle Fähigkeit, Grenzen zu überwinden. Der Taoismus ist somit die Lehre vom Energiefluss, der Verbindung zwischen Natur und Mensch.

Eine Tao-Lehrerin oder ein Tao-Lehrer ist ein Vermittler von Prinzipien und Übungen, wie sie in diesem Brief beschrieben werden. Bekannt geworden sind die taoistischen Heilkünste wie Akupunktur, Akupressur, verschiedene Massagearten, Heilmeditation, die Bewegungskünste Tai-Chi und Chi Kung, die Ernährungslehre, z.B. nach den 5-Elementen, die Heilkräutermedizin oder die Baukunst nach Feng Shui bzw. die Kampfkunst Kung-Fu.

Tao-Meister Mantak Chia ist der erste, der die alten verschlüsselten taoistischen Weisheiten übersetzt und weltweit bekanntgemacht hat. Er lehrt seit 30 Jahren in der ganzen Welt, bildet Tao-Lehrerinnen und Lehrer aus. Sein Sitz ist in Chiang-Mai, im Norden Thailands. Das Universal Healing Tao Center und das Tao Garden Health Resort und Training Center sind sein Heilungs- und Schulungszentrum. Es gibt weltweit sehr viele Tao-Lehrerinnen und Lehrer, manche Übungen sollten nur zusammen mit diesen praktiziert werden.

Die verwendeten Kalligraphien sind koreanische Schriftsätze aus dem koreanischen Alphabet, Hangul genannt, die König Sejong im Anfang des 14. Jahrhunderts aus der tiefen Liebe zu seinem Volk kreiert hat. Dieses Hangul genießt in der Sprachwissenschaft sehr große Anerkennung. Eine der besonders bemerkenswerten Eigenschaften des koreanischen Alphabets ist die Übereinstimmung von graphischer Form und graphischer Funktion. Denn die graphische Form jedes Konsonanten entspricht exakt derjenigen Position, die Lippen, Mund oder Zunge bei der Aussprache des jeweiligen Buchstabens einnehmen. Die Vokale sind jeweils nach dem Yin und Yang-Prinzip ausgebaut. Wenn man diese Laute laut ausspricht, klingen diese in den verschiedenen Körperzonen in verschiedenen tiefen Schichten, vibrieren und regen an. Die Schriftzeichen wirken auf diese Weise heilend.

Auch wenn die Leserinnen und Leser diese Schriftsätze nicht kennen oder sie aussprechen können, weil es nicht ihre Muttersprache ist, so schwingen die Laute bildmäßig beim Anblick. Sie geben diesem Brief auch Energie. Um das nachvollziehen zu können, sind jedem Schriftsatz der Wortlaut, die Wortbedeutung sowie ein kontemplativer Satz beigefügt und mit Farbe hinterlegt.

Die folgenden Prinzipien sind aus meiner Erfahrung und dem taoistischen Arbeiten mit mir selbst und den Schülerinnen und Schülern entstanden. Sie sind Grundlagen, um innere Stärke und eigene Meisterschaft zu erlangen.

Manchen Prinzipien sind entsprechende Übungen zugeordnet, um diese Prinzipien zu verfestigen. Weitere Übungen finden Sie im Kapitel „Wege des Heilens“.

Eine Übersicht aller Übungen ist auch in der kleinen Broschüre enthalten, die diesem Buch extra beigelegt ist. Diese Broschüre soll den Leserinnen und Lesern die Möglichkeit bieten, die Übungen in der entsprechenden Lebenssituation rasch zur Hand zu haben.

행 복

*Koreanisch: Haeng Bok = Glückseligkeit*

*- Tiefe Sehnsucht nach Glückseligkeit -*

# Lernen als Grunddisziplin

## Die Wege des Lernens

Der Lebensfluss besteht aus ewigem Wandel, d.h. wir sind ständig mit neuen Situationen konfrontiert. Um angemessen reagieren zu können, sind wir oft genug gezwungen, unsere alten Gewohnheiten loszulassen und etwas Neues anzunehmen: Wir lernen. Nur so können wir uns weiterentwickeln, und zwar lebenslang: Das Lernen kennt keine Altersgrenze, wohl aber lernen kleine Kinder anders als Erwachsene und die Alten lernen anders als die Jungen. Ob wir einen guten Rat von anderen beherzigen oder dafür eigene bittere Erfahrungen machen müssen, das bleibt uns überlassen.

*„Zuerst lernt ein Mensch, indem er andere nachahmt – das ist der leichteste Weg zu lernen. Am Lebensanfang lernt ein Mensch auf diese Weise. Als nächstes lernt man, indem man eigene negative Erfahrungen sammelt – dieser Weg ist der schmerzlichste Weg und mit Leiden verbunden. Viele Menschen verbringen die meiste Zeit ihres Lebens damit, auf diese Weise zu lernen. Drittens lernt man, indem man nachdenkt und durch die Erfahrungen der anderen wächst – dieser Weg ist der weiseste und sanfteste Weg zu lernen. Nur wenige lernen auf diese Weise, viele erst im Alter. Ein Mensch lernt in verschiedenen Lebensabschnitten überwiegend in der einen oder anderen Art. Klug wäre es jedoch, zu jeder Zeit so zu lernen, indem man alle drei Arten benutzt.“* (Konfuzius)

Auf dem spirituellen Weg lernt man zunächst wie in allen übrigen Bereichen des Lebens, indem man andere nachahmt. Dann macht man eigene Erfahrungen und verarbeitet sie, und in einer weiteren Phase ist man fähig, durch Analysieren und Beobachten der Umgebung vorwärts zu kommen; die im Außen wahrgenommenen Erkenntnisse werden verinnerlicht und zur eigenen Handlungsgrundlage gemacht. Im Laufe der Evolution haben wir Menschen viele Lebenserfahrungen in uns gespeichert. So trägt zum Beispiel jeder einen Sinn für Aufrichtigkeit in sich. An diesem Sinn orientieren wir uns auf unserem Lebensweg. Diese innere Ausrichtung will ich die innere Stimme oder Intuition nennen. Je mehr man sich selbst vertraut, sich seiner selbst bewusst ist, desto klarer und deutlicher wird die innere Stimme, und je mehr man ihr folgt, desto stärker sprudelt die Quelle – die energetische Ausrichtung und der Ursprung unseres Lebensweges.

Welchen Beruf wir auch immer ausüben, wir sollen unsere Tätigkeit so gründlich wie möglich vollbringen. Das bedeutet auch, selbst „mindere" Arbeit meisterhaft und freudig zu erledigen. Wenn wir beispielsweise saubermachen, aufräumen oder die Toilette reinigen – tun wir es mit Freude! Die Lebenskunst liegt darin, alle lästigen alltäglichen Arbeiten fröhlich zu tun. Denn wenn uns etwas dauerhaft lästig vorkommt und wir uns immer wieder darüber ärgern, dann wird die Sache zu einer Belastung. Die Folge unseres Widerwillens sind steife oder schlaffe Gelenke und Muskeln. Trotz dieses inneren Widerstandes weiterzuarbeiten bedeutet, unseren Körper mit Gewalt gefügig zu machen. Gelenk- oder Wirbelsäulenprobleme können eine Folge solchen Verhaltens sein.

Ich habe die Angewohnheit, „verirrte" Dosen oder weggeworfene Papierfetzen von der Straße aufzuheben und in die nächste Mülltonne zu bringen. Manchmal werde ich dabei angesprochen, und die Menschen erklären mir, dass sie das nicht tun würden, sie wären doch nicht der Putzdienst für andere. Ich aber freue mich einfach, dass eine Sache, die getan werden muss, erledigt wird – in diesem Fall von mir. Alles, was um mich herum ist, liegt in meinem Verantwortungsbereich. Warum sollte ich mich ärgern und andere tadeln? Dieser Ärger bringt mir und anderen nichts.

Unser Leben zu meistern bedeutet nicht etwa, immer ein schönes Leben zu haben. Es heißt vielmehr, mit den Gegebenheiten gut und geschickt – meisterhaft – umzugehen und die Verantwortung für sich selbst und sein Tun zu übernehmen. Weise lernen ständig an kleinen Alltagsdingen, an allem, was ihnen begegnet.

## Müssen wir leiden, um zu lernen?

Wer hat keine Leidenserfahrung? Schon als kleine Kinder lernen wir, dass unsere Lernerfolge oft mit Leid verbunden sind, z.B. wenn wir beim Laufen lernen mal wieder auf die Nase fallen. Sind wir jedoch durch das Leiden hindurchgegangen, haben wir es zugelassen und überwunden, dann sind wir in unserer Entwicklung weitergekommen. Diejenigen unter uns, die viel durchlitten haben, wirken oft erwachsener, reifer und abgeklärter.

*Es waren einmal zwei Freundinnen. Freundin A war in allen Lebensbereichen besser dran. Sie war auch fleißig und betrieb Sport für ihre Gesundheit. Hin und wieder stichelte sie ihre Freundin B, dass diese eine Stubenhockerin sei und dass Gesundheit nicht vom Lesen komme. Eines Tages fiel die Freundin A bei ihrem morgendlichen Joggen und verletzte sich dabei ihr Knie ziemlich stark, so dass sie ins Krankenhaus musste. Da reagierte Freundin B mit den Worten: „Da kannst du mal sehen, du mit Deiner ollen Joggerei!“. Freundin A wurde natürlich sauer und die beiden stritten heftig. Wie es der Zufall wollte, heilte die Wunde nicht, sondern fing an, sich zu entzünden. Freundin A plagte sich mit Schmerzen und konnte nicht laufen. Die Situation wurde immer schlimmer, bis sie schließlich an diesem Knie operiert werden musste. Freundin B fühlte sich nun schuldig dafür, dass sie ihrer Freundin gegenüber nicht nur schadenfroh gewesen war und Rachegefühle hegte, sondern sie auch noch verwünscht hatte.*

Wir alle erhalten – je nach Situation und Lebensbedingungen – unsere Lernaufgaben. Jeder reagiert darauf nach seinen Möglichkeiten und Fähigkeiten. Wir verletzen andere und werden selbst von anderen verletzt; wir werden krank, verunglücken, machen selbst Fehler und leiden manchmal unter den anderen. Niemand ist frei davon! Daher wäre es schön, wenn wir sowohl mit uns selbst als auch mit den anderen nachsichtig umgingen, das heißt unseren und ihren Fehlern, Schwächen und Verletzungen freundschaftlich begegneten. Schauen wir sie genau an und versuchen wir zu erkunden, was sie uns deutlich machen wollen! Wenn wir unsere Fehler erkennen und eingestehen, bedeutet das eine große Entwicklungschance.

Leiden dient jedoch nur dann der Entwicklung, wenn es bewusst angenommen und durchlebt wird. Verdrängen wir unsere Schmerzen und versuchen, sie zu betäuben, können wir keinen „Nutzen" aus ihnen ziehen – und müssen oft noch viel größeres Leid erfahren, bis wir endlich unsere Lektion lernen. Wenn ein Kind hinfällt, gibt es seiner Wut und seinem Schmerz über das eigene Unvermögen Ausdruck. Es tobt und schreit vielleicht, dann steht es wieder auf, erlebt seinen Schmerz bewusst und versucht, seine Aufgabe erneut zu bewältigen. Diese Form von Leiden kann uns auf Dinge aufmerksam machen, die für unsere Entwicklung wichtig sind und dic wir ohne Leid nicht bemerkt hätten. Haben wir dann etwas verarbeitet, heißt das natürlich nicht, dass wir nie mehr leiden werden. Aber dort, wo wir uns unseren Schmerz einmal bewusst gemacht haben und die Verarbeitung gelungen ist, müssen wir nicht mehr leiden.

Man kann allerdings auch Leid erfahren, ohne ihm einen Sinn zu geben. Manche Menschen lassen die leidvolle Erfahrung nicht wirklich an sich heran. Sie beklagen die schlimmen „äußeren Umstände" und bekämpfen sie. Ihr Leid wiederholt sich dann immer wieder und wird ein Dauerzustand. Dadurch werden die Betroffenen hart und abwehrend und nehmen sich so die Möglichkeit, offen gegenüber sich selbst zu sein und aus ihren Erfahrungen zu lernen. Solche Menschen geben sich oft sehr dominant und wichtigtuerisch, während sie gleichzeitig über ihr leidvolles Leben jammern und sich als Opfer darstellen. Um diese Haltung zu untermalen, können sie entweder übermäßig aktiv oder auch extrem passiv sein. Das ist nichts als ein Alibi, eine Ausweichmöglichkeit, um ihr Gewissen zu beruhigen und das Leid als notwendiges Übel darzustellen, anstatt sich ihm zu öffnen und seine Lektionen anzunehmen.

Eine alte Volksweisheit sagt: „Wer sich alles ersparen will, dem bleibt nichts erspart! Aber auch dem, der sich nichts ersparen will, bleibt nichts erspart!" Letzterer tut sich aber vielleicht leichter, denn er erwartet keine Schonung durch das Schicksal, sondern ist bereit, sein Leid offen anzuschauen und anzunehmen.

## Wie gehe ich mit meinem Leiden um?

Ich denke, das Ausmaß unserer Leiden bestimmen wir weitgehend selbst – bewusst oder unbewusst. Manche von uns brauchen vielleicht eine bittere Erfahrung, bevor sie sich bequemen, sich auf sich selbst zu besinnen. Das ist aber nur dann notwendig, wenn wir vorher nicht zur Umkehr bereit waren. Wie oft wehren wir uns großspurig und überheblich gegen eine wirkliche Auseinandersetzung mit uns selbst und schieben die Verantwortung nach außen ab? Wir haben so viele Ausreden: „Das ist ererbt, da ist nichts zu machen“, „Die Umwelt ist schuld daran“, „Ich bin nun mal in diese widrigen Umstände hineingeboren“, „Ich hatte eine unglückliche Kindheit, da kann ich nichts dafür“, „Ich habe nichts gemacht“, „Warum immer ich?“ usw. Wir beschweren uns laut und klagen an, werden protestierende Opfer oder verhärten uns in unseren Rollen und erwarten, dass andere unsere Angelegenheiten wieder in Ordnung bringen. Wenn wir uns aber stattdessen unserem Leid zuwenden, können wir dadurch erwachen, uns heilen und somit ein Stück weiterkommen auf unserem Weg zu uns selbst – dann lernen wir aus der Lebenslektion und das Leid erfüllt seinen Sinn.

Demnach ist es also nicht verkehrt, sondern oft einfach nötig für die menschliche Entwicklung, dass ein Mensch lernt, indem er Leiden erfährt. Es kommt jedoch auf jeden Einzelnen an, wie lange, wie schwer und welche Art von Leiden man über sich ergehen lassen muss, um zu lernen. Oft gehen wir richtige Leidenswege. Allzu leicht tauchen dann die Begriffe Karma oder Schicksal auf. Wir sehen uns als Opfer unserer Vergangenheit und fügen uns in unser Leid. Selbst Gott (oder eine andere äußere Autorität) muss für unsere passive Duldsamkeit herhalten, wenn wir uns unter dem Deckmantel von Demut vernichtend klein machen und auf ‘Gnade und Erlösung’ hoffen. Mit so einer Haltung begeben wir uns jedoch freiwillig in die Arme-Sünder-Rolle.

Leid annehmen heißt nicht, es passiv zu ertragen und sich ihm auszuliefern! Damit rauben wir unseren Schmerzen ihren Sinn! Anstatt uns selbst und unseren Gefühlen zu begegnen und uns zu entwickeln, wählen wir lieber den – oft bequemeren – Weg der Abhängigkeit von äußeren Gegebenheiten, ohne sie als das zu erkennen, was sie sein sollten: Hinweisschilder für unseren Weg zu uns selbst. Unsere Gegenwart wird unsere Vergangenheit, daher ist es äußerst wichtig, auf das JETZT zu achten. Die Taoisten sagen: „Du kannst mit den Sternen verhandeln, also kannst du auch dein Schicksal selbst in die Hand nehmen." Dazu möchte ich ermuntern – damit all die vielen kleinen und großen Schmerzen, die wir erleiden, Sinn machen.

Wir ernten die Früchte unserer Vergangenheit und säen gleichzeitig neue Samen. Denn während wir unsere Probleme lösen und unsere Entscheidungen und Richtlinien neu überdenken, setzen wir positive Energien frei.

**Den Grund meines Leidens erfühlen.**

Wenn sich ein Mensch in einer schwierigen Lage befindet, ist es oft hilfreich, in sich selbst hineinzuhorchen und die eigene Einstellung zu dieser konkreten belastenden Situation zu überprüfen.

Dazu muss man sich etwas Zeit nehmen, zur Ruhe kommen, beide Hände aufs Herz legen und fragen:

„Was habe ich mit dieser Situation zu tun?
Was ist der tiefere Sinn, dass ich dies durchmachen muss?
Was kann ich aus dieser Situation lernen?"

Wer etwas innehält, um sich diese Fragen ehrlich und ganz sachlich zu stellen, ohne Wehmut, wird ganz gewiss eine Antwort bekommen. Falls nicht, lohnt es sich, noch einmal nachzufragen, um aus dem Wissen über den Sinn des Leidens unser Verhalten ändern zu können. Ein weiterer positiver Effekt ist auch, dass schon die bloße Erkenntnis die Situation erträglicher macht und uns oft schon einer Lösung näher bringt. Der Mensch wird dadurch wieder ein Stück weiser.

명 상

*Koreanisch: Myung Sang = Die Meditation*

*- In der Stille erfahrbare Wahrheit -*

## Körper, Seele und Geist

### Eine Definition der „Dreiheit"

Körper, Seele und Geist bilden eine unteilbare Einheit des menschlichen Wesens. Sie sind miteinander verflochten und unterstützen sich gegenseitig, damit wir unser Leben organisieren und meistern können.

Unter Geist verstehe ich den Verstand, die Erinnerung und das Denken. Er ist das steuernde, organisierende, kombinierende, rationale Wesen in uns und erteilt dem Körper Befehle, die dieser ausführt. Der Körper meldet seinerseits dem Geist seine Bedürfnisse, der ihm dann eine Erlaubnis oder ein Verbot erteilt. Oberflächlich betrachtet könnte man denken, der Körper sei der Unterlegene und der Geist habe die Oberhand. Doch nur durch den Körper ist der Geist sichtbar und kann sich nach außen hin manifestieren. Der Körper ist sozusagen ein sichtbarer, zu fester Form gewordener Geist.

Die Seele ist das Urwesen in uns. Unsere Gefühlswelt entspringt der Seele und unser Maum zum größten Teil auch. Maum ist Koreanisch und steht für „den spirituellen Seins-Zustand" eines Individuums. Im Maum drücken sich die persönlichen Charakterzüge und der innere Entwicklungszustand eines Menschen aus. Man spricht in Korea etwa vom „Studium des Maums". Ein „gutes" Maum kann angeboren sein, aber auch erlernt und trainiert werden. Die Qualität des Maums ist von der Schulbildung gänzlich unabhängig.

Die Seele ist ein eigenes Wesen, die Trägerin unserer Spiritualität und sehnt sich nach Glück, Frieden, Freiheit und nach ihrem Ursprung. Beschäftigung mit unserer Spiritualität bedeutet Entwicklung der Seele. Für die Seele gibt es keinen Tod wie für unseren Körper, sondern nur diesseitiges und jenseitiges Leben. Der körperliche Tod kann für die Seele traurig sein, wenn sie während der Lebensperiode ihr Lernziel nicht erreichen konnte. Ansonsten ist der Tod für sie eine Ruhepause wie für den Körper das Schlafengehen am Abend.

Im Körper hat die Seele die beste Möglichkeit, sich zu entwickeln.

Deswegen ist unser Leben so kostbar und eine große Chance für die Spiritualität. Die Seele entwickelt sich im Laufe des Lebens mit Hilfe des Körpers und unter Regie des Geistes. Sie macht während ihres körperlichen Daseins verschiedene notwendige Erfahrungen, um am Ende ihrer Entwicklung tiefe, bedingungslose Liebe zu erleben und zur Reinheit ihrer Kräfte zu gelangen.

Einen gütigen und liebenswürdigen Menschen erkennt jeder. Bei ihm fühlen wir uns wohl. Wir sagen dann: „Er oder sie ist eine Seele von Mensch." Bei einem erleuchteten Menschen steigert sich dieses Wohlgefühl noch, es berührt direkt unser Herz. Solche Menschen besitzen eine sehr weit entwickelte, erfahrene Seele von hoher und reiner Qualität. Ihre seelische Schwingung ist stark und beeindruckend. Jeder kann das nachempfinden und erkennen, ohne zu sprechen. Man redet oft von der Ausstrahlung eines Menschen. Diese Ausstrahlung kommt von seiner Seelenkraft. Das Maum wird warm und reich, erfüllt von einem umfassenden Glücksgefühl. Wir fühlen uns großartig und frei und können alle Dinge aus einem größeren Blickwinkel betrachten. Unsere Mitmenschen verlieren ihre Bedrohlichkeit und wir begegnen ihnen mit mehr Liebe und Verständnis. Lästige Arbeiten werden selbstverständlich und leicht.

Dieser seelische Zustand ähnelt dem tiefen Verliebtsein und erzeugt ein völlig freies Lebensgefühl. Im Gegensatz dazu ist seine Schwingung jedoch nicht überschwänglich und hitzig, sondern tief innerlich, gesetzt, selbstverständlich und nicht abhängig von äußeren Umständen. Ich nenne diesen Zustand gewöhnlich das „reine Maum".

Sich um die Entwicklung seiner Seele zu einer solchen Bewusstseinsstufe hin zu bemühen heißt, auf dem spirituellen Pfad zu sein. Wir alle sehnen uns nach dieser tiefen Glückseligkeit. Sie ist ein vorläufiges Ziel aller Menschen: das „reine Maum", die bedingungslose, freie Liebe. Wenn die Seele sich weit genug entwickelt hat, kann sie schließlich zu ihrem Ursprung zurückkehren. Dann ist sie wirklich frei und glückselig. So haben wir alle ein gemeinsames Ziel – nur der Weg dorthin ist für jeden von uns unterschiedlich.

Die Taoisten sagen, die Seele lebe hauptsächlich in den Organen Herz, Leber, Nieren, Milz und Lunge. Deshalb fördern sie positive Impulse wie Liebe, Glückseligkeit und andere tugendhafte Eigenschaften und vermeiden negative Reize – schlechte Emotionen beispielsweise –, die den Körper fest und hart und somit bewegungsunfähig machen. Emotionen und Gefühle, der so genannte „siebte Sinn", Ahnungen, Intuition oder die „innere Stimme" sind Signale unserer Seele, deren Zustand und Qualität sich in den Organen widerspiegelt.

Die Weiterentwicklung der Seele liegt in unserer Natur. Sie verläuft jedoch oft nicht ohne Störung. Ist beispielsweise der Geist zu stark am Wettbewerb orientiert, überfordert er den Körper! Wenn er andererseits zu stark auf Bequemlichkeit ausgerichtet ist, wird der Körper nicht genügend gefordert und zu träge. In beiden Fällen leidet die Seele, da das harmonische Gleichgewicht fehlt und sie sich nicht ihrer Bestimmung gemäß entfalten kann. Sie reagiert dann durch körperliche Signale und/oder durch unsere Emotionen. Es entstehen Gefühle wie „schlechtes Gewissen", „Kloß-Gefühl" im Hals oder Nackensteifheit, etwas „schlägt uns auf den Magen", „geht uns an die Nieren", „unsere Galle kocht über", wir haben „die Nase voll", „die Last auf den Schultern ist uns zu schwer".

**Was macht uns wirklich krank?**

Gewöhnlich achten wir nur auf die äußeren krankmachenden Faktoren. Unser Umfeld, schlechte Arbeitsbedingungen, Umweltgifte, Stress, Infektionen und dergleichen. Das, was uns wirklich krank werden lässt, liegt jedoch in unserem eigenen Wesen begründet! Wenn ein Mensch genügend innere Harmonie besitzt, in seiner Mitte ruht, wirken automatisch auch seine Schutz- und Heilmechanismen, sodass äußere Attacken leichter überwunden werden können. Umgekehrt sollte also jeder, der sich krank fühlt, erst einmal in sich gehen und versuchen, die Ursache in sich selbst zu erspüren.

*Unser Körper*

Unseren Körper können wir als eine Energie produzierende Fabrik ansehen. Er besteht aus lauter lebenden Einzelzellen, vergleichbar den Mitarbeitern eines Unternehmens. Sie leben und arbeiten alle zusammen und bilden eine Einheit, wobei einzelne Gruppen spezifische Funktionen erfüllen. So sind beispielsweise die Körperorgane die Hauptproduktionsstätten von Energie, die Drüsen sind Steuerungszentralen und die Wirbelsäule hat eine tragende Funktion für unseren Körperbau.

Unsere Organe arbeiten pausenlos, Tag und Nacht. Sie produzieren Energie, indem sie die zugeführte Nahrung verwerten, entgiften und ausscheiden. Je schlechter die Qualität des Rohstoffes (der Nahrung), desto härter müssen sie arbeiten. Es ist ihnen daher nicht möglich, ihre Arbeit vollkommen sachgemäß zu erledigen, wenn wir uns schlecht oder ungenügend ernähren. Ihre Leistungsfähigkeit hängt jedoch nicht nur von unserem Essverhalten ab, sondern auch von ihren Arbeitsbedingungen.

Damit ist Folgendes gemeint: Die alten Taoisten haben erkannt, dass die Organe während ihrer Tätigkeit sowohl negative als auch positive Energien produzieren. Die positiven Energien werden für die Aufrechterhaltung der Funktionstüchtigkeit und zur Entwicklung gebraucht, die negativen bleiben hingegen allzu leicht in den Organen zurück, wo sie dann Schäden anrichten können. Diese so genannten negativen Emotionen sind in angemessenem Maß für ein menschliches Leben als „Entwicklungsmotor“ notwendig. Zu viel davon blockiert und zerstört jedoch die Organe. Die negativen Hauptemotionen, die in unseren Organen entstehen, sind Trauer, Angst, Zorn, Hass und Verschlossenheit. Ohne Trauer würden wir nicht mittrauern, mitleiden können, ohne Angst würden wir allzu sorglos mit uns selbst und unserem Leben umgehen, ohne Zorn könnten wir uns nicht verteidigen, ohne Hass könnten wir uns nicht vor Verletzungen schützen und ohne Verschlossenheit nicht den Mund halten, wenn es angebracht ist.

Durch tägliches Überprüfen und Ordnen sollten wir den Zustand unserer Organe im Gleichgewicht halten – ähnlich wie wir unsere Wohnung täglich überwachen und aufräumen, wo es nötig ist. Dazu müssen wir unseren Körper kennen und fühlen lernen, ihm Zeit widmen! Je enger der Kontakt zu ihm ist, desto effektiver können wir Disharmonien und Ungleichgewichte erkennen und behutsam damit umgehen. Denn unser Körper gibt immer dann Signale, wenn wir ihm lange nicht zugehört haben!

Es ist deshalb wichtig, ein emotionales Gleichgewicht zu pflegen, denn unsere Organe produzieren auch positive Emotionen. In der Leber entstehen Freundlichkeit und Lebendigkeit, in den Nieren Sanftmut und Güte, im Herzen Fröhlichkeit, in der Lunge Rechtschaffenheit und in der Milz Ausgeglichenheit.

**Wie gut kennen wir unseren Körper?**

Um unsere eigenen Organe zu verstehen, brauchen wir nicht gleich ein Medizinstudium zu absolvieren, sondern jeder kann seinen Körper mit etwas Interesse selbst fühlen lernen.

Es genügt völlig, einen guten, anschaulichen Anatomieatlas zur Hand zu nehmen, um sich ein Bild seines „Innenlebens“ machen zu können. Das ist ein erster hilfreicher Schritt, um einen besseren Kontakt zu seinen Organen – und somit zu sich selbst – zu bekommen.

Die Übung „**Tägliche liebevolle Pflege**“ erfahren Sie im Kapitel „Wege des Heilens“.

### *Unsere Seele*

Unsere Seele wohnt im Körper und sehnt sich nach dem Göttlichen. Glückseligkeit, Liebe und alle anderen Tugenden nähren sie. Unser Körper verlangt Nahrung und braucht unsere Pflege. Er folgt dem Prinzip des Überlebens und der Arterhaltung, mit anderen Worten, dem Gesetz „töten und getötet werden“. Wenn es um sein Leben geht, kann ein Mensch sehr leicht egoistisch, aggressiv, rücksichtslos oder sogar brutal, wir sagen: „zum Tier“ werden.

Wer sich seiner Eigenschaften und Emotionen bewusst ist, kennt auch die verborgenen Elemente seines tiefsten Inneren und deren Auswirkung auf sein Verhalten. Wir Menschen sind zugleich göttliche (seelische) und tierische (körperliche) Wesen. Beides ist in uns, entweder in Frieden miteinander oder im Konflikt – meist mal in Frieden, mal im Konflikt. Auf den ersten Blick erscheint dies als menschliches Dilemma. Das seelische Wachstum wird durch körperliche Bedürfnisse gebremst und die körperliche Wildheit wird durch das Gewissen von der Seele kontrolliert. Aber auch hier gilt: Gutes und Böses sind menschliche Eigenschaften und Böses kann nicht einfach negiert und wegretuschiert werden. Beides existiert mit- und nebeneinander, und niemandem wird es gelingen, seine negativen Eigenschaften während der körperlichen Existenz ganz und gar zu vernichten.

Durch unsere geistige Stärke können wir das Gute und das Böse unterscheiden und kontrollieren bzw. ausbalancieren. Dennoch – wir befinden uns alle an einem bestimmten Punkt unseres individuellen Entwicklungsprozesses, und es geht einfach darum, mit Geduld, Liebe und Nachsicht uns selbst und die anderen zu unterstützen.

Der Geist ergänzt Seele und Körper. Er kann auf beide lenkend einwirken und übernimmt daher im besten Falle eine Führungs- und Vermittlerrolle. Der Geist vermag die seelischen und die körperlichen Belange zu erkennen und sie in Balance zu halten. Wird er dieser Aufgabe nicht gerecht, entwickeln wir uns einseitig. Falls die körperliche Wildheit dominiert, so werden wir egozentrisch, rücksichtslos und gierig. Wird die seelische Seite überbetont, verlieren wir den Bezug zur Realität, wir sprechen von Abgehobensein oder davon, den Boden unter den Füßen zu verlieren.

Wenn unser Körper am Ende unseres Lebens verbraucht ist, verlässt ihn die Seele. Wir nennen das Sterben.

Ein sogenannter „komatöser Zustand“ bedeutet, dass die Seele aus dem Körper gegangen ist und der Körper alleine weiterlebt. Oft erleben wir das bei Operationen in Narkose: Die Seele schlüpft hinaus und beobachtet ihren Partner, den Körper, und alles, was mit ihm geschieht. Auch durch einen großen Schreck oder Schock – etwa bei einem Unfall – können wir ins Koma fallen. Manchmal geschieht es dann, dass die Seele weit wegläuft und ihren Körper nicht alleine wiederfindet. Wer mit Energieübungen vertraut ist, kann versuchen einzugreifen, wenn sich ein Angehöriger in diesem Zustand befindet. Indem er die Hände des Patienten hält, tief in sie hineinspricht und mit seiner Seele den Namen des Betroffenen ruft, kann er dessen Seele in den Körper zurückführen. Sollte das gelungen sein, wird der ganze Körper gestreichelt, zärtlich massiert und dabei gelobt. Geübte Energetikerinnen oder Energetiker können sogar hinaufgehen in die höhere Sphäre und die verlorene Seele wiederfinden und zurückbringen.

Auch während wir schlafen, befreit sich unsere Seele gelegentlich von den körperlichen Begrenzungen, macht sich selbstständig und wandert in der Sphäre umher. Das ist ein ganz normaler Vorgang zur Regeneration unserer Seele. Wenn dies jedoch in zu starkem Maße passiert, kann es einen gefährlichen Zustand erzeugen. Körper und Seele dürfen ihre Verbindung nicht verlieren, sondern sind darauf angewiesen, sich gegenseitig zu respektieren und liebevoll miteinander umzugehen. Wird das Band zwischen ihnen zu lange unterbrochen, ist es nur schwer oder gar nicht wicdcrhcrzustellen.

**In Kontakt mit der eigenen Seele kommen.**

Um mit der eigenen Seele in Kontakt zu kommen, gibt es eine sehr schöne Übung. Als allabendliches Ritual erfordert sie zwar einen langen Atem, führt dann aber unweigerlich zum Erfolg, indem sie die Intuition stärkt:

Beim Zubettgehen am Abend spreche ich mit mir.

Ich gebe meiner Seele einen Namen, rufe sie damit an und bitte sie, dass sie nachts nicht wegfliegen solle, sondern mir ein Zeichen ihrer Anwesenheit geben möge. Ich trage allerlei andere Anliegen an sie heran oder tadle sie sogar, gewissermaßen schließe ich einen geheimen Pakt mit meiner Seele.

영 혼

*Koreanisch: Young Hon = Die Seele*

*- Mein unsterbliches Selbst, das mich zur wahren Liebe führt -*

*Unser Geist*

Durch unseren Geist sind wir in der Lage, unser Leben selbstständig zu organisieren und zu meistern, das „Chi - die „Ur-Energie“, die alles durchströmende Energie, die alles Leben entstehen lässt, alle Materie durchfließt und gleichzeitig zusammenhält – zu steuern und gedanklich alles mit allem zu verbinden. Daher sind die geistige Ausrichtung und unser Wille auch der Anfang aller Energiearbeit.

Ein klarer und bewusster Geist erkennt und analysiert, reagiert offen, ist realistisch und behält im Großen wie im Kleinen den Überblick. Er ist konzentriert, zugleich entspannt, freimütig, ohne sich zu verausgaben, achtsam, ohne sich zu verkrampfen oder sich in Details zu verlieren. Ein Mensch mit einem klaren Geist ist selbstständig, entschlusskräftig, flexibel im Denken und urteilsfähig, unabhängig von seinem Bildungsstand. Er ist vor allem ausgeglichen, unbelastet, unbehaftet. Er ist selbstbewusst, das heißt, er ist sich über seine Ziele und Pflichten im Klaren. Er ist aufbauend und handelt, bevor eine Situation eskaliert.

Ein unklarer Geist dagegen erkennt nicht, lässt die Probleme unbeachtet wachsen und wacht erst auf, wenn sich die Situation bedrohlich zugespitzt hat. Häufig befindet er sich dann schon mitten im Schlamassel. Auch negative Emotionen wachsen unbemerkt im Inneren, bis sie sich explosiv entladen oder so erdrückend werden, dass der ganze Mensch in sich zusammenbricht. Die Gefühle kontrollieren dann den Geist anstatt umgekehrt. Ein Mensch mit einem solchen Geist reagiert beim kleinsten Anlass emotional, verliert den Überblick und seine Sachlichkeit. Er ist zudem recht wankelmütig.

Ein unklarer und schwacher Geist ist oft auch die Ursache für Krankheiten, Unfälle und Lebensprobleme. Die eigenen Handlungen und deren Konsequenzen können nicht abgeschätzt werden. Die Ansprüche an sich selbst und die jeweilige Situation übersteigen die eigenen Fähigkeiten. Daraus resultieren Fehlhandlungen.

*Verhärteter Geist*

Steifheit eines Körperteils deutet zugleich auf Unflexibilität eines geistigen Teilbereiches hin. Oft vererbt sich diese geistige Unbeweglichkeit über Generationen hinweg.

Wenn zum Beispiel ein Gelenk steif ist, sind die Gelenkflüssigkeit und andere Zirkulationsstoffe kaum im Fluss. Das kann an dieser Stelle zu Schmerzen, Entzündungen bis hin zu Lähmungen führen. Unsere Seele als ein unserem Körper innewohnendes Wesen fühlt sich natürlich unwohl in einem solchermaßen blockierten Körper. Denn die Seele will frei atmen und sich entfalten. Ein Unfall ist daher – energetisch gesehen – ein versuchter Akt der Befreiung: ein explosionsartiger, schneller Ausbruch der Seele aus der Gefangenschaft eines blockierten Körpers.

Wenn wir krank sind, dürfen wir uns – ganz ohne Schuldzuweisung – zunächst einmal darüber klar werden, dass dies das Ergebnis unserer eigenen Lebensweise ist. Wir können versuchen zu ergründen, welche Seite in uns bis jetzt nicht gelebt wurde und uns durch Krankheit auf sich aufmerksam macht. Das erfordert Geduld und vor allem Stille: Besinnung auf sich selbst und seine Gefühle.

Hat man die unterdrückten Aspekte (negative wie positive!) entdeckt, dann fällt es meist leicht, sie zuzulassen und in die eigene Persönlichkeit zu integrieren. Dadurch wird der Krankheit die Grundlage entzogen. Sie hat sozusagen ihren Zweck erfüllt, unser Körper kann sich heilen. Natürlich ist zu beachten, wie weit die Krankheit bereits fortgeschritten ist. Wer seine Aufmerksamkeit bei schweren Erkrankungen erst sehr spät nach innen richtet, benötigt unbedingt ärztliche Unterstützung und entsprechende Behandlung.

Auch unser Gehirn kann „steif“ und hart werden, die weiche Gehirnmasse schwindet (Atrophie). Wenn wir zu sehr kopfgesteuert sind und unsere Gehirnnerven einseitig überstrapazieren, kann das Gehirn irgendwann weder neue Informationen aufnehmen noch sich „entladen“ – es ist völlig überfordert. Unser Geist ist sozusagen blockiert und das Gehirn mit zunehmendem Alter nicht nur energetisch, sondern auch substanziell verhärtet und geschrumpft. Häufig lautet die medizinische Diagnose dann: „Demenz – da kann man nichts machen!“

Die Betroffenen sind hilflos, es ist meist viel zu spät, um selbst noch gegenzusteuern. Nach meiner Beobachtung haben Menschen mit Alzheimer Demenz eine ganz bestimmte Persönlichkeitsstruktur: Ihre Denkweise ist festgefahren, eng und streng planend. Sie versuchen oft, durch körperliche Tätigkeit Bestätigung zu bekommen – sie wollen unter Beweis stellen, wie tüchtig sie sind. Daher kommt es, dass von Alzheimer in der Mehrzahl Personen ab 40 Jahren betroffen sind. Sie haben durch eng begrenztes Denken die entsprechenden Hirnpartien einseitig überstrapaziert, andere hingegen zu wenig gebraucht – so, als würde man nur ganz bestimmte Teile der Beinmuskulatur zum Laufen einsetzen. Während die überbeanspruchten Muskeln eines Tages schlapp machen und streiken, verkümmern die ungenutzten buchstäblich, so dass das ganze Bein nicht mehr gebraucht werden kann. Bei der Alzheimer Krankheit passiert – vereinfacht ausgedrückt – das Gleiche im Gehirn.

Unser menschliches Gehirn braucht regelmäßig Entspannung und neue Impulse. Sich ständig wiederholende, gleichartige gedankliche Strapazen belasten die Nervenzellen und lassen das Gehirn vorzeitig altern und verkümmern. Demzufolge wird die Sichtweise und Lebensanschauung der Betroffenen noch enger und eingeschränkter. Schon weit vor der klinischen Diagnose Alzheimer Demenz werden diese Menschen in ihrer Persönlichkeit auffallend: Überdurchschnittlich vergesslich.

**Meine Denkgewohnheiten klären.**

Als ersten Schritt zu einer neuen Denk- und Verhaltensweise können Sie Ihre Stirn entspannen und abwechselnd in den Vorderkopf und in Ihren Bauch hinein lächeln.

Auch das „**Innere Lächeln**“, wie im Kapitel „Wege des Heilens“ beschrieben, kann helfen, zu neuen Sichtweisen zu gelangen.

### *Die Besessenheit von Seele und Geist*

Wenn ich hier von Besessenheit spreche, meine ich den Befall unseres Körpers mit fremden Energien. Das gibt es häufiger, als man denkt. Mein Maum schmerzt es, wenn ich höre, wie man diese Menschen oft behandelt. Exorzismus, aber auch das Quälen in Nervenanstalten und das Abgeschobenwerden in Heime sind nur drei Beispiele dafür.

Es gibt verschiedene Stufen von Besessenheit. Stark betroffene Personen haben schizoide Anfälle, die bis hin zum Wahnsinn reichen können. Sie leiden unter Wahnvorstellungen, handeln unkontrolliert und werden unter Umständen aggressiv und unberechenbar. Nach außen hin unproblematischer, äußert sich die schwächere Form von Besessenheit oft in Gelenksproblemen, Migräne oder anderen anhaltenden körperlichen Schmerzen. Sehr oft sind auch Myome Ausdruck dieser eingefangenen fremden Energie.

Meistens sind ungelöste, nicht losgelassene Energien von Angehörigen die Ursache für solche Beschwerden. Da war zum Beispiel unsere liebe Oma oder der Opa, manchmal auch unsere Mutter oder unser Vater, die sich im Moment ihres Sterbens um uns sorgten oder einfach an uns dachten, sich nicht von uns lösen konnten. Ich möchte das an einer Geschichte, die ich selbst erlebt habe, verdeutlichen:

*Einmal kam eine fünfzigjährige Frau zu mir in die Praxis und klagte über Migräne, die sie seit ihrer Kindheit quälte. Ihre vielen Bemühungen, sich davon zu befreien, scheiterten bislang. Nun hatte sie keine Hoffnung mehr, sondern zwang sich einfach, mit ihren Beschwerden zu leben. Auf Drängen ihres Mannes war sie trotzdem zu mir gekommen, aber sie erklärte gleich, dass sie keinerlei Chancen für eine Besserung sehe.*

*Nach einem intensiven Gespräch fingen wir an, an ihrem Bauch zu arbeiten. Er fühlte sich hart und verknotet an. Während der Massage wurde sie zeitweise sehr weinerlich. Es schmerzte nicht nur, sondern es stiegen auch Kindheitserinnerungen in ihr hoch: Als ihre Großmutter starb, war sie als Säugling allein bei ihr. Wie lange, weiß man nicht, bis ihre Mutter sie schließlich neben der verstorbenen Großmutter entdeckte. Später, als heranwachsendes Kind, spürte sie jedes Mal Unbehagen, wenn sie ein Foto von ihrer Großmutter ansah. Aber im Laufe der Zeit vergaß sie alles. In diesem Fall konnte die Großmutter ihre Enkeltochter nicht loslassen. Anteile ihrer Energie hatten sich im Sterben auf die Enkeltochter übertragen.*

*Nun erinnerte sich die Patientin wieder an die damalige Situation. Sie erlebte, dass sie hilflos an der Brust der toten Großmutter lag. Diese unangenehme Erfahrung hatte sie bis dahin verdrängt. Aber jetzt kamen die Erinnerungen so intensiv und entsetzlich, dass sie weinen musste.*

*Sie konnte unter meiner Anleitung mit einer Meditationsmethode die nun seit mehr als 50 Jahren verstorbene Großmutter im Geiste einladen, um sich für ihre Liebe und Fürsorge zu bedanken und sich mit ihr zu versöhnen. Mit Respekt und mit allen Ehren verabschiedete sie sich von ihrer Großmutter.*

*Nach einigen Wochen besuchte sie mich wieder und berichtete: Seit diesem letzten Anfall hatte sie nur noch leichte Kopfschmerzen. Ein wenig verlegen fügte sie hinzu, sie müsse sich an ihren „neuen" Kopf erst gewöhnen, weil er sich wie leer anfühle. Natürlich wird es noch einige Zeit dauern, bis ihr Kopf vollständig ausgeheilt sein wird. Wenn die energetische Ebene geklärt ist, bleibt noch der körperliche Anteil, der so lange krank war. Aber bei bewusster Lebensführung und mit der Zeit wird der Kopf wieder in Ordnung kommen.*

Hier noch ein weiteres Beispiel, weil diese „leichte" Form von Besessenheit so weit verbreitet ist – und selten als solche erkannt wird.

*Eine andere Frau besuchte mich: Sie war schon zweimal an beiden Knien operiert worden, aber ihre Beschwerden verschwanden nicht, eher das Gegenteil. Wir fanden heraus, dass ihre verstorbene Mutter der Grund war. Sie war stark an den Gliedmaßen erkrankt gewesen und als sie starb, konnte sie sich nur sehr schwer von ihrem Körper trennen. Ein Teil ihrer Energie war in der Tochter gefangen - in deren Knien.*

*Nun war diese Patientin eine sehr intellektuelle, rationale Frau. Sie wollte von solchen Theorien nichts wissen. Erst nach langem Zureden meinerseits war sie schließlich bereit, daran zu arbeiten. Mit aller Liebe bat sie ihre Mutter, ihre Energie mitzunehmen, und sie verabschiedete sich mit Dankbarkeit und Respekt von ihr. Diese einmalige intensive Befreiungsmeditation hat sie von ihrem Knieleiden geheilt.*

Das Übertreten der persönlichen Energie in einen anderen Körper geschieht meistens im Sterbemoment oder kurz danach. Wenn jemand nicht frei und in Frieden stirbt, dann kann er sich sozusagen nicht sammeln; damit bleiben gewisse Teile seiner Energie zurück und können in andere Körper übergehen, meistens in die von nahen Angehörigen. Sehr viele, wenn nicht die meisten Menschen sterben heute noch passiv, das heißt, sie wehren sich gegen den körperlichen Tod, sind ängstlich und trennen sich nicht gesammelt von ihrem Körper. Wir sagen dann: „Sie konnten ihre Geliebten nicht loslassen." Viele Kleinkinder und Säuglinge bekommen auf diese Weise die Energien von ihren liebenden Angehörigen, und das kann für das Kind ein lebenslanges Problem werden.

Eine hilfreiche Übung zur „**Befreiung von einer Besessenheit**" finden Sie im Kapitel „Wege des Heilens".

### *Training für einen flexiblen Geist*

Geistiges Training können wir unter zwei Gesichtspunkten betrachten. Der erste liegt im Bereich der Kognition und beschäftigt sich mit der Denk- und Merkfähigkeit, dem Kombinations- und Reaktionsvermögen. Mit verschiedenen Spielen und Denkübungen können wir hier die Flexibilität des Geistes sowie unsere Konzentrations- und Handlungsfähigkeit steigern oder erhalten, um den Anforderungen unseres täglichen Lebens gewachsen zu sein. Diese Art geistigen Trainings nenne ich „äußere Geistesübung".

Der zweite Aspekt des geistigen Trainings kommt unserem inneren Bewusstsein zugute: Es fördert einen in sich ruhenden, klaren Geist und die Fähigkeit, den Sinn und die Bedeutung unserer Erfahrungen zu erkennen. Ich nenne dies die „innere Geistesübung".

Der „innere Geist" beeinflusst im Wesentlichen den äußeren, wohingegen der umgekehrte Fall kaum eintritt. Die neuen Trainingsimpulse für das Gehirn kommen von inneren Eindrücken, vom Selbstentdecken, vom Aha-Erlebnis. Dazu muss das Gehirn in Ruhe, offen und empfänglich für neue Erkenntnisse sein. Diese Offenheit muss jedoch erlernt werden, denn es ist anstrengend, das Gehirn zu leeren, an nichts zu denken.

Die „Innere Geistesübung" besteht zum größten Teil aus Meditationspraktiken. Innere Entspannung, Sammlung und Klärung fördern die Heilung. Wenn wir erfolgreich meditieren, unser Gehirn zur Ruhe bringen können, klärt sich mit der Zeit unser Geist, wird achtsam, urteilskräftig und flexibel. Wir werden zu einer strahlenden und in uns ruhenden Persönlichkeit.

Alle Meditationsmethoden haben die persönliche spirituelle Entwicklung zum höchsten Ziel. Spiritualität verwende ich hier aber weder im religiösen noch im mystischen Sinn, sondern im Sinne von Persönlichkeitsentwicklung, der Klärung und Stärkung unseres Maums.

Der große Meditationslehrer Buddha soll über 2000 verschiedene Arten der Meditation gelehrt haben. Um nur einige zu nennen: Selbstbesinnung, Kontemplation, Achtsamkeit, Atemübungen, Mandala-Malen, Mantra-Rezitieren, positive Affirmationen, Naturbetrachtung, Zentrierung in der Bauchmitte, Beten, Selbstüberwindung usw. All diese Meditationsmethoden unterstützen uns auf unserem Weg zu uns selbst und helfen uns, den tieferen Sinn unseres Lebens zu erkennen.

Beim Meditieren lösen wir uns von unseren zerstreuten Gedanken und begeben uns in eine tiefe innere Ruhe. Wir überlassen uns der Stille, achten auf uns selbst. So sammelt sich die innere Kraft. Anfangs will das nicht gelingen. Je mehr Probleme und Fragen in unseren Köpfen kreisen, desto schwerer fällt es, Ruhe zu finden. Unsere Nerven sind überlastet, und anstelle von Entspannung entstehen oftmals noch zusätzliche Nervosität und innere Anspannung bei dem Versuch, Gelassenheit zu erlangen. Allzu oft höre ich jemand abwehrend sagen „Ich bin nicht zum Meditieren geschaffen" oder „Ich werde noch nervöser, wenn ich versuche zu meditieren". Es ist ein großer Irrtum, daraus zu folgern, dass eine Meditation nicht für alle geeignet sei. Im Gegenteil: Nervöse Menschen brauchen um so dringender Meditationsübungen, um ihre hochgradig belasteten Nerven zu regenerieren.

Taoisten meditieren, um innere Transformation zu erreichen. Ihr Ziel ist körperliche, geistige und spirituelle Heilung. Sie wollen vor allem lange und glücklich leben. Darüber hinaus gibt es eine Vielzahl heilender Praktiken, die erheblich und unmittelbar unsere Gesundheit und Lebensqualität verbessern. Hierzu gehören die Ernährungslehre und Massagetechniken wie z.B. Chi Nei Tsang. Dazu kommen noch Heilmethoden wie Akupunktur, Akupressur und Kräutermedizin. Tai-Chi und Feng-Shui sind weitere im Westen bekannt gewordene taoistische Lehren.

Jeder muss selbst herausfinden, welche Methode der Meditation für sich am besten geeignet ist, und sie dann täglich praktizieren. Je nach Situation können sich dabei auch unterschiedliche Bedürfnisse und Vorlieben entwickeln. Dabei gilt es aber wachsam zu bleiben, um gegebenenfalls Veränderungen in der Übungspraxis vornehmen zu können. Es hat wenig Sinn, andere einfach nachzuahmen und sich dann damit zu quälen, beispielsweise von Anfang an eine halbe Stunde oder länger zu sitzen, ohne sich auch nur einen Moment erfolgreich konzentrieren zu können! Die Frustration wird dann so groß, dass man bald die Lust am Meditieren verliert.

Es gibt eine Übung, um den Geist zu führen und in die richtigen Bahnen zu lenken.

**Meinen Geist lenken.**

Ich setze mich entspannt hin und leite meine Empfindungen und Gefühle aus dem Kopf in den Bauch hinunter.

Ich atme ein – in den Kopf – und atme aus – in den Bauch. Diese Atmung führe ich mehrfach durch.

Ich benutze dabei all meine Sinne (Hören, Sehen, Riechen, Schmecken, Fühlen) und widme meine ganze Aufmerksamkeit den Vorgängen in meinem Inneren.

Dabei lächle ich vom Kopf bis in den Bauch hinein und sage: „Alles ist gut“.

Sinnvoll ist es auch, mehrmals am Tag etwa fünf Minuten lang die kleine Konzentrationsübung „**Meine Konzentration steigern**“ einzuflechten, wie sie im Kapitel „Wege des Heilens“ beschrieben ist.

노 고

*Koreanisch: No Go = Die Bemühung*

*- Wo wären wir, ohne Bemühungen -*

## Chi – die alles durchflutende Energie

### Was ist Chi?

Gewöhnlich übersetzt man „Chi“ mit Lebensenergie oder einfach Energie. Manche bezeichnen es gar als „Ur-Energie“, die alles Leben entstehen lässt und allem innewohnt. Eine Feststellung lässt sich jedoch übereinstimmend treffen: Ohne Chi gibt es kein Leben. Chi macht das Leben lebendig.

Mir ist es wichtig, dass wir uns mit dem Begriff „Chi“ und seiner Bedeutung näher befassen. Ich denke, das rechte Verständnis von Chi ist wesentlich für unsere Arbeit an uns selbst.

Der berühmte Vater des Tao, Laotse, erklärte sinngemäß Chi mit folgenden Worten: „Was man mit Worten benennen kann, ist kein Chi. Chi ist kein Wesen (nicht einmal ein Atom), daher ist es unendlich und unbeschreiblich.“ Gewöhnlich bezeichnete man dieses „Nichts“ mit „Tao“. Dabei muss man aber berücksichtigen, dass es zu Laotse’s Zeit das Wort „Chi“ noch nicht gab.

Chi ist die Urkraft. Es ist allgegenwärtig, durchdringt alle Materie und hält gleichzeitig alles zusammen. Es ist mit allen Dingen verbunden und verbindet alles mit allem. Chi ist aber keine Materie, es ist das „NICHTS“. Es ist nichts darunter und nichts darüber, da es nicht räumlich ist. Chi unterliegt nicht den Naturgesetzen und wohnt doch mit und in der Natur. Es ist jenseits von Yin und Yang, der Dualität des weiblichen und männlichen Prinzips, aber es ist zugleich deren Ursprung.

Chi bestraft nicht, Chi lobt nicht, Chi verzeiht nicht. Chi ist da, völlig neutral und steht jedem zur Verfügung. Wir können völlig frei entscheiden, aber wir tragen die Verantwortung für unsere Entscheidungen. Wir sind Schöpfer und Täter zugleich. Daher sind wir auch unsere eigenen Opfer!

Wohin unser Geist und unsere Gedanken gehen, dorthin fließt Chi.

In Korea spricht man von Chi in allen Dingen und allen Bereichen des Lebens. Die Menschen dort benutzen den Begriff unbewusst und gewohnheitsmäßig und identifizieren mit Chi die Eigenschaften der Dinge oder deren Erscheinungsbild: „Lebens-Chi“, „Atem-Chi“, „Nahrungs-Chi“, „Himmels-Chi“, „Erd-Chi“, „Blut-Chi“, “Erb-Chi“, „Wachstums-Chi“, „Universums-Chi“ usw. Schöne Dinge haben schönes Chi, hässliche enthalten hässliches. Auch das Wetter hat mal gutes, mal schlechtes Chi. Das menschliche Gemüt hat gutes und nicht gutes Chi.

Der innere Gefühlszustand des Menschen wird durch das jeweilige Chi gedeutet. Man spricht von gutem oder schlechtem Chi eines Menschen. Wenn Chi in unserem Körper fließt, nimmt es unseren Charakter an. Ist dieser traurig, dann haben wir trauriges Chi, ist er fröhlich, dann haben wir fröhliches Chi. Der Ausdruck unseres Chi entspricht unserer inneren Qualität und unseren Absichten. Dennoch ist das Chi selbst jedoch absolut neutral.

**Wir können mit Chi machen, was wir wollen!**

Wir Menschen sind die einzigen Wesen auf der Welt, die Chi manipulieren können. Deshalb tragen wir eine große Verantwortung! Nicht alle sind sich dessen bewusst. Man kann, zum Beispiel durch bestimmte Übungen, Chi erwerben und damit Positives, aber auch Negatives anrichten. Es liegt in der Macht jedes Einzelnen, wofür und wie er Chi benutzt!

**Wenn man Chi begreifen will, sollte man still sein.**

Man kann Chi auch durch Körperübungen erwerben. Dabei kommt es sehr darauf an, wie man das gewonnene Chi ausrichtet: Benutzen wir Chi mit guten reinen Absichten, wirkt es heilend, benutzen wir es dagegen mit unguten, unreinen Absichten, so richtet es Unheil an – so wie man mit schmutzigem Wasser zwar vielleicht ein Feuer löschen oder noch stärker verschmutzte Sachen abspülen könnte, nicht aber wirklich reinigen oder heilen.

Wenn wir also Energieübungen wie beispielsweise Tai-Chi machen, um Chi vermehrt in uns fließen zu lassen, sollten wir vorher überlegen, was wir damit erreichen wollen. Vielleicht wollen wir es anfangs für uns selbst, zur Heilung verwenden. Doch sollten wir berücksichtigen, dass wir durch unsere „Chi-Arbeit“ nicht nur auf uns selbst, sondern auch auf unsere Umgebung einen stärkeren Einfluss haben. Wir säen sozusagen ständig Samen in den Kosmos!

**Das Chi mit meinen Händen spüren.**

Ich öffne meine Hände, beide Handflächen zeigen zueinander, etwa 15 cm voneinander entfernt.

Dabei erhebt sich der Zeigefinger etwas mehr als die anderen Finger. Nun werden die Hände langsam von einander entfernt und wieder angenähert, wie beim Ziehharmonika-Spielen.

Ich spüre den Raum zwischen meinen Handflächen. Das Chi strömt aus meinen Händen.

Je länger ich dabei bleibe, desto deutlicher fühle ich das Chi.

Durch klare und positive Geisteshaltung kann auch unser gewonnenes Chi Klarheit und Positives bewirken.

Durch solche oder ähnliche Übungen können wir das Chi anderer Menschen oder Tiere mit unseren Händen ertasten, ohne sie zu berühren. Allmählich kann man so gesundes und krankes Chi unterscheiden. Chi ist in allem und durchflutet alles.

## Chi, die Liebe

Der Zustand des Verliebtseins zweier Menschen ist Glückseligkeit. Doch wie wir oft erleben, ist dieses Glück vergänglich. Mit der Zeit verblassen Entzücken und Zuneigung, sofern sie nicht in wahre Liebe (die häufig mit Verliebtheit verwechselt wird) übergehen. Wir stehen auf einmal den harten Realitäten gegenüber. Warum können wir dieses Gefühl der Glückseligkeit nicht erhalten, warum dauert dieser Ausdruck menschlicher Verliebtheit oft nur so kurz?

Das passiert ganz besonders in Beziehungen, bei denen die auslösenden Impulse – also die Gründe, weswegen wir verliebt sind – vom äußeren Erscheinungsbild kommen. Wirkliche, bedingungs- und zeitlose Liebe entsteht von innen heraus, aus einer tiefen natürlichen Verbundenheit. In ihr begreifen wir das Leben und die Schöpfung. Diese Art der Liebe dürfen wir durch unsere Entwicklung erfahren. Solch eine Erfahrung ist ein unbeschreibliches Gefühl, man empfindet sich als beschenkt und hat das Bedürfnis, sich tief zu verneigen.

Wahre Liebe ist unvergänglich. Sie ist universell, offen, unerschöpflich, gütig und vertrauensvoll. Sie macht froh und glücklich. Wir fühlen uns frei von allen Zwängen und hegen keine Erwartungen. Unsere Seele ist in Liebe eingebettet, egal, wie sich unsere äußere Situation verändert. Wir haben das Gefühl, uns mit allem, was uns umgibt, im Einklang zu befinden. Mit dieser Art der Liebe fühlen wir uns reich und sicher, obwohl wir unter den gleichen Bedingungen leben wie immer.

Diese Liebe leben und erleben wenige Menschen. Warum? Wenn wir uns umschauen – auch in uns selbst -, dann können wir die Antwort leicht erkennen. Hass, Neid, Intrigen, Krieg und viele andere negative Eigenschaften und Ereignisse türmen sich innen wie außen auf. Ja, wir können überall wahrnehmen, dass unser spirituelles Niveau noch recht primitiv ist.

Der Weg zu universeller Liebe und Glückseligkeit ist im Allgemeinen noch weit. Aber das ist kein Grund zu klagen. Wir dürfen uns gemeinsam in Geduld üben und haben die Chance zu lieben. Wir können diese Liebe jedoch erst spüren, wenn wir innerlich bereit dafür sind, das heißt, wenn das nach außen hin orientierte und materiell betonte Leben in den Hintergrund tritt und uns Raum für diese wichtigen inneren Angelegenheiten beschert wird. Frieden ist nicht einfach „Nicht-Kämpfen“ – Frieden ist, wenn wir diese wirkliche Liebe in uns erfahren und tragen dürfen.

Eine „**Kontemplation zur Liebe**“ und eine Übung, um den „**Frieden mit sich selbst zu finden**“, sind im Kapitel „Wege des Heilens“ beschrieben.

사 랑

*Koreanisch: Sa Rang = Die Liebe*

*- Ich fühle die tiefe Liebe in jedem Herzen -*

*Das Glück der umfassenden Liebe*

Chi ist identisch mit der Liebe. Die Liebe fließt durch alles, verbindet alles, erhält das Leben, und Liebe ist allumfassende unendliche Lebenskraft.

Diese mächtige „innere Liebe", ich möchte es so ausdrücken, ist ausgebreitet in dem ganzen Lebensraum, zieht alle menschliche Herzen zum Zentrum wie ein großer Magnet. In anderen Worten: Wir sind alle dazu berufen, uns in Richtung der reinen inneren Liebe zu entwickeln. Das ist unser aller Bestimmung.

Die reine innere Liebe ist das große Geheimnis, das alle Menschen betrifft. Ja, wir alle sind in diese Kraft eingetaucht, unabhängig von Religionszugehörigkeit, Nationalität, Hautfarbe oder sonstigen Unterschieden. Wir können jeden Tag erfahren, dass wir gemeinsam atmen, trauern und leiden und dass wir uns „von Herzen" untereinander verstehen, also ohne Sprache. Wir werden in Liebe getröstet und überwinden mancherlei Hürden, schöpfen Hoffnungen und marschieren weiter. An sich arbeiten bedeutet also im Ergebnis, die innere Liebe zu erlangen.

Das große Dilemma dabei ist nur, dass wir Menschen nicht nur aus Geist und Seele bestehen, sondern auch aus körperlichen Komponenten. Der Körper will überleben, obwohl er dem Naturgesetz des Tötens-und-Getötet-Werdens unterworfen ist. Aus diesem Überlebenswillen entstehen dann körperbetonte Bedürfnisse und Handlungen wie Konkurrenz, Widerstand, Angriffslust, Gier, aber auch eine innere Verletzlichkeit.

Vielleicht ist das auch der Grund, warum wir Menschen uns selbst von allen möglichen und unmöglichen Problemen nur schwer wachrütteln lassen, um an uns zu arbeiten. Zudem nutzen wir die erworbene Einsicht in die Notwendigkeit der Liebe oder des Chi allzu zweckgebunden, sodass wir meistens nur oberflächliche Liebe geben und erfahren.

Wenn einmal eine Meditation gelingt, begegnet man auf einmal in der Tiefe einem hellen intensiven Licht, das einem mit Glückseligkeit überwältigt. Das ist zwar nur eine kurze Erfahrung, aber eine unübertroffene

Herrlichkeit und unendliche Weite, es ist wahre, süße, unendliche Liebe. In einem solchen Moment wird einem klar, dass diese innere Liebe oder Gott oder Chi ein und dasselbe sind. Wir können getrost sprechen von der reinen inneren Liebe oder vom reinsten Chi, anstelle von einem lobenden oder strafenden Gott.

Die reine innere Liebe, auch genannt bedingungslose Liebe oder göttliche Liebe, ist also unsere natürliche Bestimmung und eine Selbstverständlichkeit. Sie macht uns stark, kraftvoll, zuversichtlich und glücklich, erwärmt unsere Herzen und wirkt sanft natürlich heilend. Negative Dinge sind demzufolge Widerstände gegen die natürliche Strömung, daher fallen sie uns unangenehm auf.

희 망

*Koreanisch: Hui Mang = Die Hoffnung*

*- Hoffnung, ein geniales Wunschbild -*

### *Liebe, Respekt, Vertrauen*

In den letzten Jahren konsultierten mich einige Schüler in meiner Praxis wegen verschiedener Lebensprobleme. Ich hörte mir ihre Leiden genau an, kam aber jedes Mal zur gleichen Diagnose: Ganz egal, welches Problem sie hatten, ob ein körperliches, seelischcs oder soziales, sie alle hatten eine äußerst ungünstige Grundhaltung, und das war die eigentliche Ursache des Leidens.

*Zum Beispiel: Eine Frau fällt immer wieder dem gleichen Typ von Mann in die Arme, der sie schließlich verletzt zurücklässt, oder ein tüchtiger Mensch findet nie einen aufrichtigen Förderer oder jemand ist ständig unzufrieden mit sich und der Welt, obwohl er ein ordentliches Leben führt. Oder da ist jemand, der wandernde Schmerzen im ganzen Körper erleidet und jahrelang nur Schmerzpillen verschrieben bekommt, oder jemand ist ständig und alle naselang erkältet, oder oder ... Wir kennen solche Probleme in unserer Umgebung allzu gut. „Pechvogel" sagen wir häufig zu solchen Menschen.*

Die Leidensgeschichte ist vielfältig und kompliziert, doch die Gesetzmäßigkeit des Geschehens ist denkbar logisch. Daher ist der Weg des Lösungs- und Heilungsprinzips auch einfach: Sie haben eine ungünstige Grundhaltung und ziehen quasi das „Unglück" an. Die Lösung ist folgende: Mehr zu sich selbst stehen und sich wohl gesonnen sein. Aber wie?

Hier ist mein Vorschlag.

Liebe zu sich selbst ist die Grundbedingung, um von anderen und vom Universum geliebt zu werden. Auch um jemand anderen wirklich lieben zu können, braucht man zunächst die Selbstliebe.

Selbstrespekt ist die Grundbedingung, um in der Welt aufrecht zu stehen, um trotz aller Fehler würdevoll weitermachen zu können. Sich selbst

**Liebe, Respekt, Vertrauen entwickeln.**

Folgende drei Sätze soll man 100 Tage lang – denn in diesem Zeitraum erneuern sich sämtliche Körperzellen – so oft wie möglich wiederholt zu sich sagen, bei jeder Gelegenheit den ganzen Tag lang – laut als Mantra:

„Ich liebe mich.

Ich respektiere mich.

Ich vertraue mir."

nur zu akzeptieren ist viel zu wenig, denn akzeptieren ist kaum etwas anderes als tolerieren oder dulden. Das Zauberwort ist Respekt!

Eine Übung „**Sich selbst annehmen**“ ist im Kapitel „Wege des Heilens“ angeführt.

Das Vertrauen in sich selbst ist das Fundament, um sich selbst aufzubauen und weiterzuentwickeln. Gottvertrauen hat zwar denselben Effekt, es wäre aber ein Umweg, weil der Fokus dabei nach außen gerichtet ist. Ohne Selbstvertrauen kann man den Anforderungen und Widrigkeiten des Lebens nicht gelassen begegnen und die Dinge nicht mit der notwendigen Distanz betrachten. Wer an sich selbst zweifelt, der vernichtet sämtlichen Reichtum und Segen.

Wenn jemand wirklich mit diesen drei Sätzen geübt hat und mir wieder gegenüber tritt, dann begegnet er mir in einer ganz anderen Erscheinung: nämlich wunderbar zuversichtlich und geklärt. Solche Menschen sagen mir dann oft, dass sie das Leben mit ganz anderen Augen sähen. Sie haben damit die Grundlage geschaffen für die weitere Arbeit an sich, bis sie dann wahrhaftige Meisterschaft erlangen.

### Chi, das Geld

In unserer so genannten „zivilisierten“ Welt streben wir Menschen überwiegend nach sichtbarer (= materiell messbarer) Leistung. Das heißt, wir bewerten eine erbrachte Leistung hauptsächlich mit Geld. Jemand mit einem guten Maum wird oftmals weniger wertgeschätzt als einer, der zwar einen schlechten Charakter hat, aber dafür viel Geld verdient. Dadurch werden negative Emotionen wie Neid, Habgier, Rücksichtslosigkeit und Eigennutz gefördert.

Ich habe den Eindruck, dass es in vielen Menschenleben vorwiegend um das Geld geht. Manche unter uns sind so darauf fixiert, Geld zu verdienen, dass sie sich richtiggehend zum Sklaven machen und blindlings und rücksichtslos nur nach Profit streben. Aber sind sie dabei glücklich? Sind sie auch innerlich reich genug, um wirklich von ihrem erworbenen Geld zu profitieren und es sinnvoll zu nutzen?

Geld, Macht oder Ruhm allein bescheren keine dauerhafte innere Erfüllung. Denn das Glück, das nur von außen kommt, hält nicht lange. Ich möchte hier nicht behaupten, Geld sei unwichtig oder gar verwerflich. Geld ist auch eine Form von Chi. Das große Geheimnis liegt darin, dass das Geld „von alleine“ fließt, wenn Chi in und um uns herum ausgeglichen und im Fluss ist.

Wenn wir für einen anderen eine Leistung erbringen, werden wir normalerweise belohnt. Der Ausgleich zwischen Geben und Nehmen ist für uns alle eine verständliche, allgemeingültige Spielregel. Chi kann frei und ungehindert fließen, wo Ausgeglichenheit herrscht.

Manchmal jedoch ergibt sich eine Situation, wo dieses wichtige Gleichgewicht gestört ist, und meistens liegt die Ursache in uns selbst: Aus falscher Bescheidenheit, aus zu viel Rücksichtnahme oder auch aus übertriebener, falscher Großzügigkeit ernten wir eine unverhältnismäßig geringe Gegenleistung. Wir stehen uns in solch einem Fall selbst im Weg und blockieren unsere Entwicklung. Denn bei Blockaden kann das Chi nicht fließen.

Das Gleiche gilt auch umgekehrt: Wenn wir überhöhte Erwartungen oder gar Forderungen in Bezug auf unsere Entlohnung haben, stören wir damit den natürlichen Chi-Fluss. Darum ist es sehr wichtig, auf ein ausgewogenes Verhältnis zwischen Geben und Nehmen zu achten.

Wie viele andere bin auch ich dazu erzogen worden, zu verzichten und mich klein zu machen: „Diene schweigend“, „Gib freudig, ohne dass du Gegenleistungen erwartest“, „Über Geld spricht man nicht“, „Geld ist schmutzig“ usw. Durch diese Erziehung wird eine verfälschte Denkweise geprägt, die uns die Möglichkeit nimmt, uns sachlich mit diesem Thema auseinanderzusetzen, und die uns oft dazu verleitet, uns selbst zu verleumden.

*Ich habe in diesem Punkt eine sehr interessante Erfahrung gemacht. In meiner Anfangsphase als Heilpraktikerin kam ein junger Sänger zu mir und ließ sich beraten. Er schickte aber voraus, dass er mich nicht bezah-*

*len könne. Großzügigerweise bot ich ihm an, ihn ohne Honorierung zu behandeln. Sobald er erfolgreich sei, solle er mir als Gegenleistung eine Einladung zu einem seiner Konzerte schicken. Nach einigen Tagen rief er gerührt bei mir an, weil er einen neuen Auftrag bekommen hatte, und bedankte sich für meine Hilfe. Danach hörte ich lange nichts mehr von ihm, bis einer seiner Kollegen zu mir in die Praxis kam. Er erzählte mir, dass es meinem früheren Patienten gut gehe, dass er aber nicht sehr positiv über mich rede. Verwundert fragte ich: „Aber warum sind Sie dann zu mir gekommen?" Er antwortete etwas verlegen: „Weil ich neugierig auf Sie war." Lange Zeit beschäftigte es mich, warum ein Mensch, dem ich unentgeltlich zu Erfolg verholfen hatte, mich vor anderen schlecht zu machen versuchte. Schließlich verstand ich: Meine damalige Großzügigkeit hatte ihm ein schlechtes Gewissen verursacht, das er auszugleichen versuchte, indem er meine Leistung gering schätzte. Ich begriff, dass ich das Naturgesetz von Geben und Nehmen verletzt hatte: Seit dieser Lektion vermeide ich es, unentgeltlich für jemanden zu arbeiten.*

Geldverdienen ist in unserer Gesellschaft eine nicht hinterfragte Selbstverständlichkeit. Aber ich fühle des Öfteren, dass das Geld in unseren Köpfen einen unangemessenen Stellenwert einnimmt. Wir machen uns, ohne zu überlegen, allzu sehr davon abhängig, statt selbst darüber zu bestimmen, freizügig und angemessen. Geld soll nicht uns beherrschen, vielmehr können wir Herrscher und Herrscherin darüber sein. Wir entscheiden, wie, womit und wann wir uns ihm zuwenden! Notwendigerweise sollten wir auch unsere Geldscheine respektvoll und behutsam behandeln und sie nicht achtlos wie Altpapier zerknüllt in die Hosentasche stopfen.

Wenn wir die Vorstellungen, nach denen wir erzogen sind, als falsche Bilder erkennen, können wir uns daran machen, sie neu zu überdenken und – gegebenenfalls – ganz aufzugeben. Dann können wir dafür sorgen, dass Chi (auch in Form von Geld) ausgeglichen und frei fließen kann. Erst wenn wir erkennen, dass Geld nur eine von unendlich vielen Möglichkeiten des Ausgleichs ist, werden wir frei für uns selbst und andere.

Ein Mensch, der mit sich in Frieden lebt und an seiner eigenen Entwicklung arbeitet, wird dies wie von selbst auf sein Umfeld übertragen. Er wird immer selbstständiger und unabhängiger von äußerer Bestätigung werden und Verantwortung für sich übernehmen.

**Die Balance zwischen Liebe und Geld schaffen.**

Während ich aufrecht sitze, kehrt Ruhe in mich ein.

Meine rechte Hand lege ich auf mein Herz, mit der linken Hand halte ich einen möglichst großen Geldschein oder ein ganzes Bündel. Ruhig atmend lenke ich die Aufmerksamkeit abwechselnd in beide Hände und lächle.

Ich spüre dem Wunsch nach, ein liebevoller Mensch zu sein, zugleich aber auch genug zum Leben zu haben.

Beide Ziele sind gleichberechtigt und stören einander nicht: indem ich die Wertigkeit beider Seiten erkenne, bringe ich sie in Harmonie miteinander.

Je nach der persönlichen Lebenssituation kann der eine oder der andere Wunsch überwiegen. Das ist in Ordnung, weil sie beide ihre Berechtigung haben.

## Die Sache mit Gott

### Was ist Gott?

Als ich klein war, hatten wir Kinder eine bestimmte Vorstellung von Gott: Ein großer, weiser Opa, der gütig, liebevoll, aber auch streng sein kann. Heute reichen die Phantasien, die sich um das Wort Gott ranken, vom Regenbogen über helles Licht bis hin zu Wärme und Geborgenheit. Das Wesen Gott hat sich in unserer Vorstellung enorm gewandelt. Es hat sich von einer festen, greifbaren Gestalt hin zur fühlbaren Naturerscheinung entwickelt.

In der taoistischen Tradition gibt es keine Gottesvorstellung. Man kennt nur „Chi", die Urenergie. Da Chi in allem und um alles herum ist, hat man im Taoismus also kein äußeres Bild für die göttliche Kraft. In der christlichen Welt vertraut man dagegen dem „lieben Gott", wobei viele in ihm eine außerhalb ihrer selbst existierende Kraft sehen. Ich denke, das Gottesbild an sich kann ruhig bestehen, wenn man sich klarmacht, dass dieser Gott – wie auch immer wir ihn uns vorstellen – in Wahrheit in uns ist. Gott ist in uns, ist also unser ureigenes Wesen.

Wir dürfen „Gott" in unserer inneren Mitte entdecken und ihm vertrauen. Treffen wir unsere Entscheidungen aus diesem Bewusstsein, entwickeln sich unsere Unternehmungen aus unserem Zentrum und sind wir bereit, sie zu verantworten, dann sind wir unser eigener Meister. Glauben und vertrauen wir hingegen nicht uns selbst, sondern einem „Gott da oben", so setzen wir unsere Hoffnungen auf eine Instanz außerhalb von uns selbst und begeben uns in eine gedankliche Abhängigkeit von irgendwelchen Vorstellungen. Das wäre vergleichbar mit einem Kind, das seinen Eltern vertraut und ihnen einfach folgt. Solange das Kind auf die Eltern angewiesen ist, ist das in Ordnung. Sobald der Mensch jedoch erwachsen ist, sollte er auf sich selbst vertrauen und den Schritt aus dem Elternhaus tun. Sonst wird er nie selbstständig und eigenverantwortlich.

Auch als Erwachsener kann man seine Eltern ehren. Das ist vollkommen richtig. Da wir alle Kinder Gottes sind, dürfen und sollen wir selbstständig werden und eigenverantwortlich sein. Kind zu spielen mag zwar bequem sein, kann aber die freie Entwicklung nur hinauszögern. Wir alle sind berufen, innerlich unabhängig zu werden.

Man muss sich bewusst machen, was Selbstvertrauen bedeutet. Selbstvertrauen ist nicht Selbstbehauptung, nicht das Festhalten an eigenen Ideen oder Durchsetzungsvermögen gegenüber anderen. Es besteht vielmehr aus unserem fundamentalen Glauben an unser eigenes Wesen und unsere tiefe Treue zu uns selbst. In stabilem Urvertrauen stehen wir zu uns selbst. Unsere geistig-spirituelle Selbstständigkeit ist auf dieses Selbstvertrauen gebaut. Haben wir dieses Selbstvertrauen in uns gefunden, dann haben wir als verantwortungsbewusste, unabhängige Menschen in der sozialen Welt eine Zukunft. Egal, welche Arbeit auch immer wir gerade verrichten, unter welchen Umständen wir leben – wir werden alles souverän und in uns ruhend tun und nichts sklavisch und klagend erdulden.

**Das Gottesbild, eine menschliche Kreation**

Nachdem wir gesehen haben, wie wichtig es ist, auf uns selbst zu vertrauen und die Kontrolle über unser Leben nicht aus der Hand zu geben, soll hier noch einmal auf die allgemein verbreitete Gottesvorstellung eingegangen werden. Diese Vorstellung entstand, weil die Schöpfung für den Menschen unverständlich ist, und wurde aus dem menschlichen Geist geboren. Die Menschen brauchten Erklärungen, eine allmächtige Kraft, bei der sie sich anlehnen und der sie all ihr Freud und Leid mitteilen konnten – wie Kinder ihren Eltern. Und schließlich bedurfte es auch gewisser Regeln, um das soziale Miteinander zu gestalten, die sich umso viel leichter durchsetzen ließen, wenn sie von einem höheren Wesen befohlen und jeder Verstoß vermeintlich von diesem sanktioniert wurde. So bildeten sich Religionen, die für viele Menschen Zugehörigkeitsgefühl, Schutz, Gerechtigkeit und Sinngebung bedeuten.

Kirchen oder Tempel gelten als heilig, unberührbar, unantastbar. Menschen beten, suchen Rat und Hilfe, klären ihren Geist und manche heilen sich sogar. Der Glaube an einen allmächtigen Gott bietet Halt und Trost für schwache und hilfesuchende Menschen.

Ursprünglich sollten die verschiedenen Religionslehren an die Tugenden der Menschen appellieren und die spirituelle Seite erleuchten. Im Laufe der Zeit gewannen jedoch bei vielen Religionsführern skrupellose menschliche Machtbedürfnisse die Oberhand, und unter dem Deckmantel Gottes wurde die bedürftige menschliche Demut missbraucht. Der Glaube wurde rücksichtslos ausgenutzt und viel Unrecht getan. In Gottes Namen wurden Menschen an ihrer freien spirituellen Entwicklung gehindert, zu Sklaven gemacht und zur Unselbstständigkeit erzogen, um die Macht der Religionsvertreter zu erhalten. So genannte Sünden wurden gnadenlos verfolgt (Hexenverfolgung, Inquisition), und überhaupt war alles mehr oder weniger der willkürlichen Auslegung der Kirchenfürsten (oder der Vertreter anderer Religionsgemeinschaften) unterworfen.

Die Frage ist aber: Brauchen wir heute noch solche Methoden und Lehren, um „erzogen" zu werden?

Wenn ich manchmal eine Predigt anhöre, in der die „Sünden der Menschen" angeprangert werden, stehen mir wirklich die Haare zu Berge. Die menschliche Evolution ist nicht stehen geblieben, wir denken und empfinden heute freier als früher, haben andere Erfahrungen und Erkenntnisse. Dennoch spielt die äußere Religion für viele immer noch eine große Rolle. Wir brauchen anscheinend das Anlehnen an den großen Vater, bevor wir uns in die spirituelle Selbstständigkeit wagen!

Viele sind zwar unzufrieden mit der christlichen Kirche und trennen sich von ihr. Da jeder von uns aber eine Gottessehnsucht – eine Sehnsucht nach dem Göttlichen – in sich trägt, wechseln fast alle nahtlos zu anderen Religionen oder Sekten über. Wir erkennen dieses Sehnen nicht als das, was es ist: Das Streben unserer Seele nach der Verschmelzung mit dem Göttlichen, das wir in uns selbst finden können. Also suchen wir weiter im Außen nach Gott, wünschen uns Geborgenheit, lassen uns von der philosophischen Wortgewandtheit vieler „Prediger" ablenken und gefangen nehmen.

Demgegenüber betrachte ich das Wort Religion in folgender Bedeutung: re = zurück, ligio = Bindung. Zurück – aber nicht zeitlich gesehen, sondern zum eigenen Ursprung zurück, nach innen also.

인 내

Koreanisch: Inn Nae = Die Duldsamkeit

*- Geduld, die mir himmlische Kraft spendet -*

# Die innere Arbeit

## Die Esoterik

Menschen, die an ihrer spirituellen Entwicklung arbeiten, nennt man allgemein „Esoteriker". Bei manchen ist eine Krankheit und die Suche nach Heilung Anlass für eine Zuwendung zur Spiritualität, andere spüren einfach das Bedürfnis, sich selbst zu erkennen und zu erfahren. Diese Hinwendung zu unserem Inneren hat nichts Geheimnisvolles an sich und darf nicht mit Spiritismus oder Ähnlichem verwechselt werden. Im Wort „esoterisch" steckt die Bedeutung „innen", im Gegensatz zu „exoterisch", das „außen" beinhaltet.

Durch den Missbrauch einiger selbsternannter Gurus und Meister geriet der Begriff Esoterik in Vergangenheit und Gegenwart immer wieder in Verruf. Tatsächlich beschäftigt sich das weite Feld der Esoterik ausschließlich mit der Erforschung des Inneren und legt die verschiedensten Methoden zur Selbsterfahrung dar. Der Unterschied zwischen spirituell suchenden und nicht suchenden Menschen ist nur minimal: Die einen spüren die Sehnsucht in ihrer Brust, die anderen (noch) nicht. Vorhanden ist diese Sehnsucht aber in jedem Menschen.

Allerdings: Beschäftigen wir uns in übertriebenem Maße mit esoterischen Dingen, so dass wir uns nur noch für Meditation und Erleuchtung interessieren, so verlieren wir den Boden unter den Füßen und sind nicht offen für die Lektionen unseres täglichen Lebens. Wir laufen Gefahr, den Bezug zu unserer äußeren Realität zu verlieren und abzuheben. Unfälle können in solchen Fällen Signale sein, „auf den Boden zurückzukehren"!

Jeder Mensch, auch der am weitesten entwickelte, ist ein Lernender. Wenn wir diese Tatsache bei unserer spirituellen Suche vernachlässigen, kann es passieren, dass wir uns von Scharlatanen oder profilneurotischen „Gurus" beeinflussen lassen. Wir brauchen also unsere kritische Haltung weder uns selbst noch anderen gegenüber aufzugeben, sondern dürfen und sollen alles, was uns begegnet, aufrichtig und achtsam hinterfragen.

Esoterische Übungen und Unternehmungen sollen das Leben lebenswerter machen und uns zu spiritueller Selbstständigkeit führen. Falls spirituelle Führer, Guru, Meister oder Lehrer den Schülern gegenüber ihre Pflicht verletzen, also sie an sich bindet, statt aufrichtig zu lehren, wie man sein eigener Meister und Meisterin wird, sollte man sich schnellstens davon lösen.

Auf keinen Fall dürfen esoterische Angebote den Menschen und sein Leben gefährden. Wo um eine Lehre oder eine Person Geheimniskrämerei herrscht und sonstiger Hokuspokus gemacht wird, sollte man aufmerksam und sehr genau analysieren, was dahintersteckt und sich um so intensiver nach dem eigenen Weg fragen.

Es steht jedem frei, sich einen oder mehrere gute Meister und Meisterinnen zu suchen, um von ihnen zu lernen. Ebenso gut ist es jedoch möglich, sich selbständig auf die Reise begeben und sein eigener Meister zu werden, wenn man wirklich aufrichtig und achtsam in seinem Bemühen ist.

**Die Psychotherapie**

Psychologie im wissenschaftlichen Sinne erforscht die menschlichen Gefühle. Sie untersucht die Strukturen und Interaktionen des Innenlebens und deren Auswirkungen im physischen Körper. Das Verdienst dieser Forschung ist beträchtlich. Man hat damit zumindest erreicht, dass wir uns der Existenz unserer eigenen Seele bewusst wurden. Welcher Zusammenhang besteht zwischen Psychologie und Psychotherapie?

Heutzutage ist die Psychotherapie zum alltäglichen Begriff geworden. Doch der psycho-therapeutische Blickwinkel beschränkt sich überwiegend noch auf Emotionen und Gefühle. In den seltensten Fällen schließt er die Spiritualität mit ein. Man analysiert und forscht also nur an den Symptomen – ähnlich wie die Schulmedizin im körperlichen Bereich – und kommt dabei nicht zum Kernpunkt, unserer Seele. Hier wird vergessen, dass ein Ausbruch negativer Emotionen bereits Symptome sind, genau wie der Schmerz oder eine Krankheit körperliche Erscheinungen darstellen.

Eine Therapie, in der die Patientin oder der Patient die Gefühle verbal oder auf andere Weise ausdrückt, verschafft gewiss anfänglich Erleichterung. Doch der eigentliche Grund der Leiden ist nicht bewusst. Damit bleibt die eigene Entwicklung auf der Strecke und man ist nach wie vor unselbstständig. Diese Art von Therapie ist genau so, als würde man Eiter aus entzündeten Stellen herausdrücken, ohne die Ursache zu kennen.

*Vor kurzem wohnte ich als Beobachterin einer Gruppentherapie-Sitzung bei. Die Gruppe bestand aus 19 Krebs- und Schwerkranken. Der Leiter war ein renommierter Psychotherapeut, dazu kamen noch einige bekannte Helfer. Die anwesenden Patienten waren austherapiert. Sie hatten einerseits das Vertrauen in die Schulmedizin verloren, andererseits kaum alternative Heilungsmöglichkeiten. Regelmäßig trafen sie sich daher zu solchen Gruppensitzungen. Die Therapiesitzung verlief folgendermaßen: Zuerst entluden die Patienten ihre Gefühle, indem sie ihnen freien Lauf ließen: „Ich will nicht mehr schweigen!", „Ich lasse mich nicht mehr länger erniedrigen!", „Ich protestiere!", „Ich will endlich machen, was ich will!", „Ich will aufhören zu ...!" usw. Nach einiger Zeit des Schreiens, Weinens, Schüttelns, Stöhnens, sich – gegenseitig – Beipflichtens fingen sie auf Anregung des Gruppenleiters an, sich zu besinnen und ruhig zu werden. Die Vergebungsarbeit rückte in den Vordergrund. Alte dramatische Verletzungen, sich wiederholende Erniedrigungen, fehlende Anerkennung oder Aufmerksamkeit und allerlei unverarbeitete Schwierigkeiten wurden besprochen oder besser gesagt laut betont.*

*Manche schluchzten still vor sich hin. Ich hörte Sätze wie: „Vor dem Tod habe ich keine Angst, aber ich möchte meinem Leben bis zum Tod einen Sinn geben", „Ich will leben", „Ich liebe dich", „Ich vergebe alles, bis auf ...", „Ach, auch egal!". Die Teilnehmer lachten, umarmten einander und weinten wieder. Es war eine sehr ergreifende Szene. Auch ich als Beobachterin fühlte mich, als wäre mein eigenes Leben betroffen. Ich musste weinen, war völlig mitgenommen und von Gefühlen überwältigt. Doch plötzlich stieg Wut in mir hoch – Wut auf die Therapeuten. Denn mir wurde klar: Sie arbeiten nur an den Symptomen.*

Es ist wichtig, unseren Gefühlen Ausdruck zu verschaffen – es erleichtert und befreit. Wo aber bleibt anschließend die Arbeit am Wesen eines Menschen – an dessen Körper, Seele und Geist? In solch einer Therapie-Sitzung beherrscht die Emotion alles andere. Sie überwältigt zwar, aber darüber hinaus besteht weiterhin Unklarheit. Hier fehlt eine nüchterne und zielgerichtete Arbeit an sich selbst, die spirituelle Ausrichtung. Hier fehlt die Bekräftigung und Stärkung des eigenen Wesengrundes und das Ordnen und Klären des weiteren Lebenszieles!

Heilung bedeutet nicht unbedingt zu überleben. Das Leben kann grausam und der Tod heilsam sein. Heilung ist Entwicklung, Fortschritt und positive Transformation. Heilung kennt daher keine Endgültigkeit. Auf dem Heilungsweg benötigen wir manchmal erleichternde Maßnahmen, manchmal dürfen wir durch Schmerz hindurchgehen. Durch unseren Schmerz können wir uns wandeln, können wir heil werden, indem wir in unseren Wesensgrund gehen und uns Klarheit über unser Sein verschaffen, uns stärken und das Leben aufrichtig und positiv führen.

Wenn wir nur unseren Gefühlen oder unseren Krankheitssymptomen nachgehen, ist das so, als ob wir unser Haus unbewacht offen stehen lassen, um einen Dieb zu verfolgen. Die so genannte Früherkennungsstrategie in der Krebsbehandlung könnte man damit vergleichen. Wir erkennen den Dieb frühzeitig und verfolgen ihn – nachdem das Unheil aber bereits geschehen ist! Ist es da nicht besser, das Haus von vorneherein so zu bewachen, dass kein Dieb eindringen kann? Sollten wir uns nicht um gesundheitsfördernde Strategien kümmern?

음 양

*Koreanisch: Uem Yang = Yin Yang*

*- Ein Prinzip des Lebens, das ich gerne annehme -*

## „Yin und Yang“ – die Einheit in der Dualität

Yin und Yang sind die Hauptbegriffe der taoistischen Energielehre. Fast jeder kennt heute dieses Symbol. Es ist ursprünglich ein Unterscheidungskriterium und ermöglicht einen direkten Bezug zur Erkenntnis unseres Lebens und unseres Handelns. Es repräsentiert das weibliche (Yin) und das männliche (Yang) Wirkungsprinzip: Das ganze Leben besteht aus diesen bipolaren Gesetzmäßigkeiten. Durch den ständigen Wechsel und Austausch zwischen den beiden Polen Yin und Yang entsteht eine energetische Schwingung, die Voraussetzung für den Fortgang des Lebens ist. Daher bilden Yin und Yang eine untrennbare, lebensnotwendige Einheit.

Das männliche Prinzip Yang ist nach außen hin ausgerichtet, sich ausdehnend und verflüchtigend, rechts rotierend, während das weibliche Yin sich dem Inneren zuwendet, sich sammelnd, zusammenziehend und formgebend wirkt. Unsere menschliche Aufgabe liegt darin, beide Elemente in uns zu erkennen und sie auszubalancieren. Dabei gilt, dass in jedem Energiefeld ein kleiner Anteil des anderen enthalten ist: Im Yin ist Yang, im Yang ist Yin. Es gibt also nichts Absolutes. Verdrängt oder negiert man eines der beiden Prinzipien, bekommt man gewöhnlich Schwierigkeiten.

Die Taoisten lehren seit mehr als 6.000 Jahren diese Lebensphilosophie, deren Hauptanliegen die Harmonisierung von Yin und Yang ist. In der Mitte sind die Energien ausgeglichen und in Balance: „Nicht zu viel, nicht zu wenig, gerade richtig“ heißt ein alter Spruch. Extreme Handlungen oder Eigenschaften dagegen zerstören das Gleichgewicht. Alle Entwicklungen und Fortschritte beruhen auf einem Wechselspiel der Gegensätze. Die entstehenden Spannungen zwischen den gegensätzlichen Polen bilden dabei den Motor für die Entwicklung. Sie liefern die zur Wandlung notwendige Energie. Wir sprechen oft vom „Hoch und Tief" des Lebens, dem hin und her schwingenden „Pendel des Lebens". Wenn wir zu weit in eine Richtung gehen, entwickeln wir uns einseitig, geraten „aus der Mitte", und dementsprechend bekommen wir wieder Schwierigkeiten.

Auch im Gefühlsbereich ist dieses Gesetz der Wechselwirkung gültig: „gut und böse", „Freude und Trauer", „Krieg und Frieden", „Liebe und Hass". Wir begegnen Yin und Yang also überall in und um uns. „Leben und Tod", „Werden und Vergehen" – alles steht im Spannungsfeld zweier Pole.

Wer beide Pole in sich ausbalanciert, wird seine Mitte finden und damit auch Frieden. Wer sie vereint, wird das Leben gewinnen und schöpferisch tätig sein.

Um unsere positiven und negativen Emotionen ins Gleichgewicht zu bringen, gibt es die Übung der „**Sechs heilenden Laute**", die im Kapitel „ Wege des Heilens" beschrieben wird.

## Unsere Sexualität

### Die Rolle der Sexualität

Unter Sexualität verstehen wir normalerweise, dass zwei Menschen miteinander geschlechtlichen Umgang pflegen, also körperliche Zärtlichkeiten austauschen, Spaß aneinander haben. Ist das so?

Sexualität ist die wahre schöpferische Kraftquelle jeglichen Lebens. Ein gelungenes Sexspiel ist wunderschön. Wir können lange davon zehren. Der ganze Körper vibriert vor Entzücken und wir sind einfach glücklich, denn die orgastische Energie hat die gleiche Schwingung wie das Glücksempfinden. Ohne Sexualität kann kein Leben existieren. Sie ist – biologisch gesehen – eine Art Erhaltungstrieb. Auch bei den höheren Tieren ist dieser Trieb mit Lust und Befriedigungsgefühlen verbunden.

Gewöhnliche Sexspiele sind auch bei uns Menschen hauptsächlich triebgesteuert, ihre Schwingung erstreckt sich nur auf den unteren Körperbereich. Das heißt, die orgastische Energie, die dabei entsteht, hält nur einen kurzen Moment und erreicht nicht das eigentliche Ziel: Ekstase, Erleuchtung, spirituelle Verschmelzung.

Ich möchte hier über die Sexualität sprechen, die über die körperliche Ebene hinausreicht. Natürlich hat Sexualität mit den Sexualorganen und somit mit dem Körper zu tun. Wie ist es dann bei Mönchen oder Nonnen? Sie praktizieren keinen körperlichen Verkehr. Haben sie deswegen keine Sexualität? Oh doch, sie haben manchmal sogar viel Sexualität. Nur nutzen sie ihre Sexualkraft auf andere Weise. Sie verbrauchen ihre sexuelle Energie nicht körperlich, sondern sammeln sie in ihrem Unterleib und nutzen sie für ihre spirituelle Entwicklung. Wenn die sexuelle Kraft lange genug zurückgehalten (nicht verdrängt!) wurde, steigt sie eines Tages nach oben und verbindet sich mit dem höheren Geist. Man nennt das gewöhnlich das Aufsteigen der „Kundalini“ (= Sexualenergie).

Dieser Vorgang kann einen Menschen entweder sehr glücklich oder sehr depressiv machen. Es kommt darauf an, wie man gelebt hat und in welchem Entwicklungsstadium man sich gerade befindet. Das heißt, man sollte auf diese Situation vorbereitet sein.

Bei christlichen Nonnen und Mönchen verbindet sich die Kundalini mit Jesus oder Maria – je nachdem, zu wem ihr Geist sich gesehnt hat. Ihre Seele erreicht dann eine höhere Ebene. Bei Nonnen hören dic Monatsblutungen auf.

Jeder spirituelle Meister oder Meisterin hat die Meisterschaft durch Sexualität erworben. Die Geschichten von den geheimen Praktiken der alten taoistischen Meister sind phantastisch und überwältigend. Es gibt einige Schriften, die auch im Westen bekannt wurden, aber oberflächlich betrachtet sind sie einfach schöne Erzählungen, so dass der Leser sehr viel Phantasie und Sachkenntnis braucht, um sie richtig interpretieren zu können! Die für unsere Zeit am besten verständlichen und „technisch“ klarsten Formulierungen findet man in den Büchern meines Lehrers Mantak Chia. Wenn Sie sich in diesem Thema vertiefen möchten, empfehle ich Ihnen folgende Bücher von Mantak Chia: „Tao Yoga der Liebe: Der Weg zur unvergänglichen Liebeskraft“ für den Mann und „Tao Yoga der heilenden Liebe: Der geheime Weg zur weiblichen Liebesenergie“ für die Frau.

Ergänzend möchte ich hier meine persönlichen Erfahrungen und Ansichten erzählen. „Liebe machen“ ist ein Ausdruck für Sex haben. Dahinter verbirgt sich eine tiefere Bedeutung: das Erzeugen von Liebe. Wenn beide Partner aus Liebe – und nicht nur oder nicht hauptsächlich aus triebbedingten Gründen – Sexspiele und Ekstase miteinander erleben, multipliziert sich die Liebesenergie um ein Vielfaches. Die orgastische Energie erreicht das Herz, öffnet und entfaltet es. Weil alle energetischen Schwingungen mit dem Körper und den Gefühlen verbunden sind, ist die momentane körperliche und emotionale Situation beim Liebesspiel sehr wichtig: Orgastische Vibration in positiver Stimmung erzeugt positive Energie, bei negativer Stimmung jedoch negative Energie.

Auch bei der Zeugung eines Kindes spielen die Gefühlslage und die körperliche Vcrfassung cinc großc Rolle. Wir bestimmen sozusagen die Qualität unserer Zukunft. Selbst wenn wir kein Kind zeugen, nehmen wir durch unsere sexuellen Energien Einfluss auf unsere Umgebung und Zukunft. Unsere Sexualität und wie wir damit umgehen bestimmt nicht nur unsere eigene Zukunft, sondern die von uns allen!

Im Alter müssen wir mit unserer Kraft und Zeit haushalten. Unsere Bedürfnisse gehen mehr nach innen als nach außen. Wir ernten die Früchte unserer Arbeit und lassen materielle Errungenschaften los. Es ist eine Zeit der Vorbereitung auf den Übergang in eine andere Daseinsform und eine Zeit, um spirituellen Bedürfnissen nachzugehen. Diese „goldene Phase" fängt gewöhnlich mit der Menopause, dem Klimakterium, an und lässt sich altersmäßig schwer festlegen. Unser Körper zeigt damit an, dass er nichts Körperliches mehr produzieren will (also kein Kind mehr), sondern spirituelle Energie.

Klimakterische Beschwerden haben meistens psychologische Aspekte. Die berühmten Hitzewallungen sind im Grunde genommen zusätzliche Energieschübe, die von reifenden Eizellen herkommen. Bis der Körper gelernt hat, diesen Zuschuss richtig zu lenken, sollte man den „Kleinen Energiekreislauf" mit einer Tao-Lehrerin oder einem Tao-Lehrer üben. Der „**Kleine Energiekreislauf**" ist eine Übung zur Harmonisierung der Körperenergie, die den Hauptenergiebahnen entlang fließt. Hormonbehandlungen hingegen sind widernatürlich und behindern die normale Entwicklung.

## Sexualerziehung fängt beim Baby an

Als ich ein heranwachsendes junges Mädchen war, vielleicht 12 oder 13 Jahre alt, schickte mich meine Großmutter mehrfach zu anderen Familien, wo ein Baby geboren wurde. Ich sollte als zukünftige Mutter lernen, wie man die junge Mutter und neugeborene Babys pflegt. Später, als ich selbst Mutter wurde, kam mir diese Erfahrung sehr zugute.

Ein neugeborenes Baby will richtig umsorgt werden.

Alle diese körperlichen Rituale sollten natürlich und liebevoll ausgeführt werden, wie das Selbstverständlichste auf der Welt. Auf keinen Fall

**Die liebevolle Pflege für das Baby.**

Die Mutter bzw. der Vater oder „Amme“ massiert beim Baden jeden Tag den ganzen Körper des Kindes mitsamt den Geschlechtsorganen. Beim Jungen schiebt man die Vorhaut vorsichtig hoch, bis sie eines Tages voll entfaltet ist, der Hodensack und die Hoden werden massiert und verglichen. Beide Hoden sollen gleichmäßig ausgebildet sein. Beim Massieren summt die Amme „Der eine ist der Söhne-Sack, der andere der Geld-Sack...“ und drückt damit die Wichtigkeit von gleichmäßiger Entfaltung der Hoden aus. Zum Schluss streift man den ganzen Hodensack vom Anus über den Damm nach oben, damit Hoden und Geschlechtsorgane stramm nach oben wachsen, und nicht kraftlos zwischen den Beinen eingeklemmt werden. Auch bei den Mädchen massiert man die einzelnen Bereiche der Geschlechtsorgane und lobt sie: „Was für eine wunderschöne Knospe“.

Diese Arten von Körperpflege sind in vielen Kulturkreisen zu beobachten.

Ganz besonders wichtig bei beiden Geschlechtern ist, dass die Brüste und Brustwarzen massiert werden. Man drückt die Warzen sorgfältig zusammen, bis die so genannte Hexenmilch herausgeschossen kommt. Diese Hexenmilch erscheint hundert Tage lang immer wieder, auch bei den Buben. So können sich die Brüste gesund entwickeln und man bekommt vor allem später keine Hohlwarzen.

sollten solche Handlungen gezwungenermaßen nachgeahmt werden, wenn Mütter oder Väter dabei Hemmungen haben. Werden dabei Schamgefühle empfunden, geht diese Energie auf das Baby über und kann später Probleme entstehen lassen.

Manche meiner Patienten rätseln, ob sie als Baby sexuell missbraucht worden wären. Ihre Gefühle sagen, dass da „irgendetwas“ war. Da braucht man nicht zu bohren, bis sich eine Wunde auftut. Ihre Eltern hatten vielleicht zu viel Hemmungen im Umgang mit allem Sexuellen, so dass ihre Schamgefühle unbewusst auf die Kinder übergingen und dort ein unklares Gefühl hinterließen. Hier sind in aller Regel Vertrauen und Mitgefühl unseren Eltern gegenüber angebrachter und heilsamer als vage Verdächtigungen. Sie haben ihrem Wissens- und Entwicklungsstand entsprechend nach ihrer besten Möglichkeit gehandelt.

**Kinderwunsch – was tun, wenn es nicht klappt?**

Ich konnte sehr vielen kinderlosen Ehepaaren helfen. Die Gründe ihres Problems lagen meist darin, dass sie durch den Wunsch nach einem Kind und den damit verbundenen Erwartungen an sich selbst verspannt waren. Ihre ganze Energie wurde in den Kopf verlagert. Wenn wir die Bedingungen und Grundlagen erfüllen, die nötig sind, um ein Kind zu bekommen, können wir uns freigeben – die energetischen Voraussetzungen stellen sich dann ganz von alleine ein.

Hierbei kann die Chi Nei Tsang Massage – eine alte chinesische Art der Behandlung, die stressbedingte Blockaden in den Organen auflöst und von einer ausgebildeten Tao-Lehrerin oder einem Tao-Lehrer durchgeführt werden sollte – an den betroffenen Teilen des Körpers eine große Hilfe sein.

Die optimale Versorgung der mit dem Kinderwunsch in Zusammenhang stehenden Organe bezieht sich nicht nur auf das Organ selbst, sondern auch auf sein Umfeld.

**Abtreibung**

Manche Frauen werden ungewollt schwanger. Das kann die unterschiedlichsten Ursachen haben bis hin zur Vergewaltigung. Viele Frauen sind verzweifelt und hilflos. Eine mechanische Abtreibung ist für das Kind und die Mutter entsetzlich! In einem solchen Fall kann die Mutter mit ihrem werdenden Kind sprechen, laut und deutlich, warum und wieso es aus ihrer Sicht nicht auf die Welt kommen kann. Sie kann es bitten zu gehen, eine bessere Mutter zu suchen oder zu einem anderen Zeitpunkt wiederzukommen.

Wenn ein Kind entsteht, gibt es eine Art Vertragsverhältnis zwischen Mutter und Kind. Beide Parteien, die kommende, empfangende, nehmende und die gebende müssen jeweils miteinander einverstanden sein. Damit aufrichtige Harmonie herrscht, müssen beide kommunizieren. Eine menschliche Mutter ist nicht wie die Tiere ein hilfloses Opfer, sondern Schöpferin des neuen Lebens. Diese Verantwortung muss sie übernehmen. Deswegen muss sie entscheiden.

Abtreibungen unter Gewaltanwendung können höchst unangenehme Folgen haben. Das ungeborene Leben leidet darunter wie unter einem grausamen Mord. Es wird tief verletzt und entsetzlich verwirrt und kann nur schwer verzeihen. Alle Mütter, die solches unwissend getan haben, sollten dem Kind noch nachträglich einen Platz auf der Erde geben.

Sie können auf ein schönes Papier das Datum und den Namen des Kindes schreiben, es unter einem schönen Baum symbolisch verbrennen und die Asche mit Sorgfalt und Mitgefühl auf die Erde streuen.

이 별

*Koreanisch: Yi Byuel = Der Abschied*

*- Ein Abschied bietet neue Möglichkeiten -*

# Der Tod – die größte Transformation

## Der Umgang mit dem Tod

Unser körperlicher Tod ist ein Teil unseres Daseins. Dennoch ist er für viele von uns mit Angst verbunden. Natürlich ist Sterben keine leichte Angelegenheit. Es ist die größte Transformation in unserem Leben. Wir nehmen Abschied von liebgewonnenen Dingen, von unserem irdischen Körper, an den wir uns gewöhnt haben, all das lassen wir los.

Wir alle wissen, dass wir eines Tages sterben werden. Aber die meisten verdrängen diese Tatsache. Dabei werden wir andauernd damit konfrontiert. Metaphorisch betrachtet begegnen wir dem Tod in der Natur im sich wiederholenden Werden und Vergehen des Jahreskreislaufs, vom Knospen der Blätter im Frühling bis hin zu ihrem Abfallen im Herbst, wenn der Baum seine Kräfte zurückzieht zum Ursprung, um im nächsten Frühjahr wieder neu zu erwachen.

Je weniger wir uns in unserem Leben um innere Transformation bemüht haben, desto mehr schieben wir die Gedanken an unsere Sterblichkeit von uns weg. Ich denke, jeder tut gut daran, ab einem gewissen Alter über seinen Tod nachzudenken, damit er diesen wichtigen Übergang vorbereitet und ohne Ängste bewältigen kann. Wenn wir völlig unvorbereitet sterben, gehen wir passiv aus unserem körperlichen Leben. Wir werden quasi dazu gezwungen, auch diese Umwandlung anzunehmen und an ihr zu wachsen. Deswegen ist es gut, liebgewonnene Dinge schon zu Lebzeiten loszulassen, damit das endgültige Loslassen nicht so schwer fällt.

Der Tod ist nur dann entsetzlich, wenn wir unerledigte Dinge hinterlassen, unser Lebensziel nicht erreicht haben oder wenn er überraschend kommt wie bei einem Unfall oder durch eine Gewalttat. In Wahrheit ist er der natürliche, selbstverständliche Abschluss unseres irdischen Lebens und der Übergang, man könnte sagen die Geburt in eine andere Daseinsform. Wenn wir also bewusst leben wollen, gehört es dazu, dass wir uns mit unserem Tod beschäftigen. Nicht selten werden Menschen krank, weil sie ihren eigenen Tod verneinen und damit ihre selbstverständliche

Zukunft verleugnen. Nicht sterben zu wollen ist das Bemühen, den unumgänglichen Wandel, ohne den es kein Leben geben kann, zu verhindern. Dieser Weg führt in eine seelische Wüste der Stagnation.

Zum Sterben bereit zu sein, dazu gehört, alle materiellen und immateriellen Stützen, die uns bislang ein Gefühl von Stabilität, Identität und Wert gaben, aufzugeben. Das erfordert viel Vertrauen in unsere Entwicklung hin zum Göttlichen, hin zu uns selbst. Wenn wir uns also mit unserem Tod auseinandersetzen, ihn annehmen und als selbstverständlich akzeptieren können, gewinnt unser Leben plötzlich einen anderen Wert. Wir fangen an, wirklich bewusst zu leben – und gesunden.

Den Tod auszuklammern ist eine Unwahrhaftigkeit gegen uns selbst und erzeugt große Disharmonie im menschlichen Wesen. Nach meinen Beobachtungen kommt dieses Verhaltensmuster daher, dass wir den Tod als etwas Ungutes ansehen. Wir verbinden ihn in unserer Vorstellung mit dem Teufel – er ist der „Sensenmann“ mit dunklem Mantel.

Vielleicht kommt eine solch ablehnende Haltung vom Überlebenswillen unseres körperlichen Wesens. Bei den Tieren können wir das klar sehen. Ein sterbendes Insekt zum Beispiel wehrt sich zunächst gegen den Tod und gibt erst auf, wenn es sozusagen überwältigt ist. Wir Menschen befinden uns jedoch auf einer anderen Bewusstseinsstufe. Unser Geist kann seine spirituelle Aufgabe erfüllen.

Wer bewusst leben will, möge den Tod verstehen. Ihn zu akzeptieren, ihn hinzunehmen ist viel zu wenig, denn der Sinn des Lebens und des Sterbens sind ineinander verflochten. Beide sind untrennbare Bestandteile unseres Werdens und Vergehens, „Yin und Yang“ – alles ist Zeichen der Entwicklung und der Wandlung. Wo das Leben ist, ist auch der Tod. Jeden Tag sterben Millionen von Körperzellen in unserem Körper, um erneuert zu werden. Oder um beim Beispiel des Baumes im Jahreskreislauf zu bleiben: Seine Blätter

Jeder Mensch sollte sich **„Gedanken über seinen Tod“** machen, wenn er oder sie wirklich ein „Lebensmeister“ oder eine „Lebensmeisterin“ werden will. Eine entsprechende Übung dazu finden Sie im Kapitel „Wege des Heilens“.

sterben und dienen als Nahrung für unsere Erde, von der sie ursprünglich ihre Kraft, ihr Leben bekommen haben. Schließen wir also Frieden mit dem Tod.

### Der Unfalltod

Wirklich tragisch ist ein völlig überraschender Tod, zum Beispiel infolge eines Unfalls. Das ist buchstäblich ein UN-FALL. Die betroffenen Seelen sind meist völlig verwirrt und orientierungslos und haben oft keine Zeit oder Kraft, um ihren Weg zu finden. Sie bleiben oft lange in der Nähe des Unfallortes und haben kaum eine Möglichkeit, sich mit den Lebenden zu verständigen. Der Übergang in die andere Realität ging zu schnell vonstatten, als dass sie sich dieses Wechsels bewusst wären!

Gute Medien oder Schamanen, die zwischen den „Welten" wandeln können, sind in solchen Fällen eine große Hilfe. Als Angehörige sollten wir viel gedankliche Energie spenden und die Seele dabei unterstützen, sich zu sammeln und Abschied zu nehmen.

### Vom Umgang mit den Verstorbenen

Da man in unserer Gesellschaft meist gehemmt mit dem Tod und dem Toten umgeht, haben wir entsprechend wenig Beziehung zu den Verstorbenen und kaum Vorstellungen über die Welt der Toten. Viele Witwen und Witwer oder Eltern, die ihr Kind verloren haben, fühlen deutlich, dass die Seelen der Verstorbenen gegenwärtig sind und hören ihre Stimmen. Es sind nicht, wie oft gesagt, Halluzinationen oder gar Selbstprojektionen, sondern energetische Wahrnehmungen.

Sensitive Menschen und geübte Schamanen aller Kulturen können die Verstorbenen sehen und fühlen, sich sogar mit ihnen verständigen. Viele rational denkende Menschen können das nicht nachvollziehen, aber sie mögen die anders fühlenden Menschen und ihre Erfahrungen mit den Toten gelten lassen.

Die Toten sind genau wie wir lebende Menschen – nur haben sie keinen physischen Körper. Sie unterscheiden sich durch ihr individuelles spirituelles Niveau, das heißt durch ihr geistiges Sein, das unentwickelt oder entwickelt sein kann. Die Welt der Verstorbenen liegt sozusagen auf einer anderen energetischen Schwingungsebene. Kurz nach unserem Tod sind wir räumlich gar nicht so weit entfernt von den Lebenden und können diese daher beeinflussen – positiv wie negativ. Labile Menschen oder Kinder, die sich nicht selbst schützen können, sollten deshalb nicht mit einem frisch Verstorbenen alleine gelassen werden.

Experimente mit den Verstorbenen wie spiritistische Sitzungen oder Ähnliches sind gewagte Unternehmungen. Es heißt nicht zu Unrecht: „Die Toten soll man ruhen lassen." Sie sind sich entwickelnde Wesen wie wir, und wir tun gut daran zu lernen, sie loszulassen und ihnen Freiraum zu gönnen. Nach Beendigung ihres irdischen Lebens befinden sie sich auf weiteren Lernwegen in ihrer eigenen Welt.

**Unsere Wurzeln**

In Korea pflegt man das Andenken an seine Vorfahren traditionsgemäß.

Man feiert jedes Jahr die Todestage seiner Eltern und Großeltern. Früher hat man in meiner Familie die Todestage bis zur 4. Generation der Vorfahren geehrt. Hierzu versammelt sich die ganze Familie, bereitet ein Festmahl zu, schmückt die Ahnentafel, zündet Kerzen an und überbringt Geschenke. Man verneigt sich hochachtungsvoll vor den Vorfahren und dankt ihnen für ihr Leben. Mit gedehnten, kräftigen, klaren Tönen besingt man Namen und Abstammung des Verstorbenen und wünscht ihm auf seinem weiteren Weg alles Gute. Alle Kinder und Erwachsenen führen zum Abschluss noch einmal rituelle Verbeugungen aus und besinnen sich. Danach feiert die Familie gemeinsam bis tief in die Nacht hinein. Man spricht über die Vorfahren und belebt sie so in der Erinnerung der Lebenden wieder. Auf diese Weise sammeln sich die Menschen und machen sich ihre Herkunft immer wieder bewusst.

In westlichen Kulturkreisen sieht das ganz anders aus. Obwohl man den Namen und das Erbe weiter trägt, ist man sich dessen nicht bewusst. Besonders dann, wenn zu dem verstorbenen Vorfahren keine persönliche Beziehung bestand, scheint er einem völlig gleichgültig zu sein. Doch ein Baum wächst aus einer Wurzel. Ohne Wurzel kann er nicht existieren, schon gar nicht wachsen und gedeihen. Unsere Wurzeln sind unsere Vorfahren. Hier fließt unsere Beziehung zum Leben, die sich fortsetzende geistige Energie. Wir haben von ihnen geerbt, tragen sie weiter und vererben sie unsererseits – wie zwischen Baum und Wurzel strömt die Energie immer weiter.

Dabei spielen die Taten der Vorfahren keine Rolle. Hier handelt es sich um eine unsichtbare, tiefe, persönliche geistige Verknüpfung. Man kann sagen: „Meine Ahnen sind meine Vergangenheit." Seinen Eltern etwas vorzuwerfen oder sie gar zu hassen ist fatal. Ganz gleich, was sie mir oder was sie der Welt angetan haben. Unsere Eltern waren auch nur Lernende, sie hatten ihre speziellen Umstände und ihre jeweiligen Fähigkeiten. Sie begingen vielleicht manche Fehler oder Grausamkeiten. Dennoch sind sie meine einzigen Eltern. Wir haben daher trotz alldem Grund, ihnen dankbar zu sein. Selbst wenn sie mich vor einer fremden Tür ausgesetzt hätten – sie haben wohl ihr Bestmögliches versucht! Dafür sollten wir ihnen - zumindest - Respekt zollen.

Manche Eltern missbrauchen ihre Kinder. Wie sollen wir ihnen dankbar sein? Ich denke, wir können uns klarmachen, dass sie krank waren. Sie waren geistig so schwer krank, dass sie die normale Eltern-Kind-Beziehung nicht aufrechterhalten konnten. Sie haben sogar die Beziehung zu sich selbst verloren. Tief in ihrem Geist ist etwas in Unordnung geraten. Sie brauchen dringend Hilfe und Heilung. Geschädigte Kinder mögen ihren Eltern verzeihen und Mitgefühl für sie entwickeln. Sie sind herausgefordert, in großem und tiefem Umfang ihre Versöhnungsarbeit zu Wege zu bringen. Das ist sicherlich keine leichte Aufgabe, aber sie ist möglich und wichtig.

Diese Menschen können ihr Opfersein zur Meisterschaft umwandeln. Ich habe einige solche Meister und Meisterinnen persönlich kennengelernt und erfahren, dass ihre spirituelle Kraft geradezu glänzend ist. Wir haben unser Leben von unseren Eltern erhalten und durch sie im Leben viel gelernt. Das genügt, um vor ihnen unser Haupt zu neigen und ihnen zu danken.

Die meisten von uns werden eines Tages selbst Wurzel sein – Wurzel ihrer Kinder und Enkelkinder! Eine kranke oder zerteilte Wurzel verursacht ungesundes und unsicheres Wachstum. Nur eine gesunde Wurzel vermag einen gesunden Baum hervorzubringen!

뿌리

*Koreanisch: Bbu Ri = Die Wurzel*

*- Tiefe Versöhnung mit mir selbst heilt meine Wurzel -*

# DIE INNERE STÄRKE

Innere Stärke bedeutet nicht Härte der Persönlichkeit. Sie ist keine Sturheit und hat nichts mit Durchsetzungsvermögen zu tun. Auch besteht sie nicht in der Vertretung von Theorien, Ideen oder in Kopflastigkeit. Vor allem geht es nicht um das Gewinnen gegenüber anderen.

Die innere Stärke beruht auf der persönlichen, in jedem ruhenden Kraft. Wer große innere Stärke besitzt, ist maßvoll, ruhig und ausgeglichen, auch kraftvoll, selbstbewusst, weise, bedächtig und behält den Überblick. Innere Stärke macht geistig flexibel und dazu fähig, ein Ereignis zu überschauen, vor allem aber auch Klarheit zu erlangen.

Durch innere Stärke können wir selbstständig und eigenverantwortlich sein. Wer das verwirklicht hat, kann auch anderen Selbstständigkeit vermitteln. Wer wirklich frei ist, kann auch anderen Freiheit gewähren. Den Weg zu dieser inneren Stärke nennen wir die Meisterschaft.

**Die Meisterschaft**

Meister oder Meisterinnen sind immer auch Lernende, sie haben keineswegs in allen Belangen das eigene Leben gemeistert, sind keinesfalls vollkommen, sondern lediglich ihr Umgang mit den Problemen ist meisterlich. Sie sind ganz auf die jeweilige Tätigkeit konzentriert und behalten trotzdem die Übersicht über das Ganze. Sie sind sich der Selbstverantwortung bewusst, klagen nicht, sind stabil in sich und trotzdem flexibel, offen gegenüber Neuem. Große Meister oder Meisterinnen sind schlicht, nicht auffällig, prahlen nicht nach außen, dennoch fühlt man sich in ihrer Gegenwart wohl und vertrauensvoll. Ihre Herzenswärme ist tief. Sie sind aufrichtig zu ihren Schülern und helfen wie liebende Eltern ihren eigenen Kindern. Zudem werden sie niemals versuchen, die Schüler an sich zu binden.

Vielleicht fragen sich nun einige, warum sie sich nicht mit „großen Lehrern“ identifizieren, ihnen vertrauen und nacheifern sollten? Das alles ist in Ordnung, solange man sich und seine individuellen Belange dabei nicht aus den Augen verliert. Jeder muss seinen eigenen Heilungsweg gehen, muss ihn für sich selbst finden. Die Inspiration dazu kann natürlich von anderen kommen, solange man auf sich und seinen eigenen „inneren“ Meister achtet und genau beobachtet, wie irgendwelche Lehren oder Übungen auf einem wirken. Eine aufrechte Beziehung zwischen Meister und Schüler bedarf des gegenseitigen Respekts wie alle anderen zwischenmenschlichen Beziehungen auch. Ich wünsche allen, dass sie solch einen Meister oder eine Meisterin treffen, der oder die Sie auf ihrem Lebensweg berät, um wahre innere Stärke und somit die wahre innere Liebe zu erlangen. Denn nur wer sie besitzt, kann der Welt dienen.

Wir sind jedoch nicht über oder unter jemandem. Wir sind letztlich unsere eigenen Meisterinnen und Meister. Selbstständig und frei.

성 공

*Koreanisch: Seoung Gong = Der Erfolg*

*- Die Erfolge bei Kleinigkeiten formen das Ganze -*

## Versöhnung – Der erste Schritt

### Der Weg zur Versöhnung

Die erste Aufgabe auf unserem Weg zu Ganzheit und somit zur Heilung besteht in der Versöhnung – mit uns selbst und mit den anderen. Jeder von uns hat ursprünglich ein natürliches Bedürfnis, gütig und nett zu anderen zu sein. Aber dieses Bedürfnis kann nicht gelebt werden, solange die „tierischen Elemente" in uns dominieren.

Der hohe Stellenwert der (geldwerten) Leistung in unserer Gesellschaft und die daraus resultierende intensive Beschäftigung mit Dingen, die uns Geld (und damit Anerkennung) einbringen, lenkt unseren Blick einseitig in eine Richtung. Wir kämpfen um materiellen Erfolg und scheuen uns dabei nicht, unsere Ellenbogen zu benutzen – nach dem Motto: „Wenn ich es nicht bekomme, soll es der andere auch nicht bekommen." Unabhängig vom intellektuellen Niveau der Menschen lässt sich dieses Verhalten fast überall in verschiedenen Variationen beobachten. Falls es jemandem in unserer Umgebung besser geht als uns selbst, spüren wir – wenn wir ehrlich zu uns selbst sind – oft ein bohrendes Gefühl und bekommen Bauchschmerzen. In der Tierwelt können wir den Kampf um die Vormachtstellung innerhalb der sozialen Gruppe sehr gut beobachten, aber es hat sich auch in unserer „zivilisierten" Welt bis heute fortgesetzt.

Dieses Gefühl – wir nennen es Konkurrenz – scheint völlig legitim zu sein, hat aber manchmal sehr unangenehme Auswirkungen: Wer sich gemobbt fühlt, sollte also erst einmal überlegen, ob vielleicht Neid oder fehlende Anerkennung die Ursache sein könnten? Oder ob der Quälgeist vielleicht einfach von negativen Eigenschaften dominiert wird und andere mit Vergnügen quält. Wie auch immer, die Lösung ist Versöhnung! Deshalb lohnt es sich, Versöhnungszeremonien zum Tagesritual werden zu lassen.

Auch in einer solch unangenehmen Situation zwischen Menschen geht es darum, zu verzeihen, sich die Person genau anzuschauen, ihre positiven Seiten herauszufinden. Dann kann man hin und wieder anerkennende

Worte aussprechen, ehrlich gemeinte Komplimente machen. Das nimmt vielen „Angreifern“ den Wind aus den Segeln, sodass sich die Kursrichtung automatisch ändert. Auch eine gegenseitige Aussprache kann helfen. So kann man aus Feindschaft Freundschaft zaubern.

Es ist nichts Ungewöhnliches, wenn dabei die innere Stimme vielleicht widerspricht: „Nein, ich behalte lieber Recht! Ich gebe nicht auf! Was habe ich verbrochen, dass ich mich mit so einem versöhnen soll! Das ist verdammt ungerecht!“ Aber es lohnt sich, diesen Widerstand zu überwinden:

*Früher saß ich jeden Morgen mit Wut im Bauch und knirschenden Zähnen im Badezimmer (weil dort der einzige ungestörte Ort war) und hielt in Gedanken meinen Feind in den Armen, während ich „Ich liebe dich“ und „Gott segnet dich“ zu ihm sagte. Mein Herz klopfte laut und mein Bauch zwickte, doch ich übte ein ganzes Jahr lang und noch länger. Mit der Zeit konnte ich es besser, und schließlich konnte ich es mit offenem Herzen. Es war wundervoll zu erfahren, dass ich seitdem nicht nur von Feindseligkeit befreit bin, sondern die beste und intimste Freundin meiner Feinde wurde!*

Denn tief in unserem Inneren sitzt ein ursprüngliches Bedürfnis, gütig und rechtschaffen zu sein. Deswegen verspüren wir manchmal ein schlechtes Gewissen, wenn wir uns allzu rigoros durchgesetzt haben. Wir haben Schuldgefühle. Um das wieder auszugleichen, tun wir dann übermäßig Gutes und ergreifen so die Flucht vor uns selbst. Zum Beispiel versuchen wir aus solch einer inneren Verlegenheit, anderen Menschen eine große Freude zu bereiten, müssen dann aber feststellen, dass dieser Versuch eine Bauchlandung erleidet. Die „große Freude“ kommt nämlich bei dem solchermaßen Bedachten als Last an.

Aber auch, wenn wir in die gegenteilige Haltung verfallen und uns zu sehr kritisieren, bringt das Ungleichheit und Unfrieden. Das heißt andererseits natürlich nicht, dass wir unseren negativen Seiten unkontrolliert freien Lauf lassen sollen. Wer sein „Tiersein“ ein wenig vermenschlichen will, muss an seine guten Eigenschaften appellieren und sie stärken. Positive Gedanken bringen hilfreiches Chi mit sich. Die Grundlage dazu ist Versöhnung mit uns selbst, mit unserer Vergangenheit, aber auch mit anderen Menschen, die uns vielleicht verletzt haben.

Eine wertvolle Übung dazu ist „**Die rosa Meditation zur Versöhnung**“, welche im Kapitel „Wege des Heilens“ dargestellt ist.

**Unsere eigene Vergangenheit**

Unsere Vergangenheit ist ein Abschnitt der persönlichen Entwicklung. Wollte man sie mit einem Baum vergleichen, so ist sie der Stamm, aus dem Äste und Zweige entstehen, die Blätter und Blüten tragen. Unsere Vergangenheit ist der Vorläufer unseres jetzigen Lebens und bestimmt seine Fortsetzung. Daher sollten wir alle vergangenen negativen Taten und Erinnerungen „reinigen“, damit die Lebensenergie ungehindert fließen kann.

Das Versöhnen mit der Vergangenheit ist nicht so schwer, wenn man die Notwendigkeit dazu erkannt hat. Es ist jedoch schwieriger, wenn man im Alltag wiederholt Kränkungen erlebt. Beispielsweise in Form des immer mehr zunehmenden Mobbings am Arbeitsplatz, wo man die verantwortlichen Personen oft nicht umgehen kann.

Jeder Mensch besitzt jedoch die Fähigkeit, sich zu versöhnen. Das liegt in unserer Natur, da wir alle aus dem unendlichen Chi stammen, aus der bedingungslosen unendlichen Liebe. Es hilft, an seine eigenen guten Eigenschaften zu appellieren, nachsichtig mit sich selbst zu sein und die alten Wunden zu heilen. Vielleicht kostet es Tränen, vielleicht stellt sich Reue ein, das alles ist gut, weil es reinigt. Die Seele drückt ihre Dankbarkeit zuweilen in Weinen oder einer Ermüdung aus, die in einen heilsamen Schlaf mündet. Deshalb gibt es allen Grund, sich nach dem Aufwachen selbst zu loben und sich darüber zu freuen, die alten Wunden bereits ein Stück weiter geheilt zu haben.

Versöhnung bedeutet Frieden schließen mit sich, ganz egal, wie die Vergangenheit gewesen sein mag. Die eigenen Fehler oder Vergehen

Die Übung, um „**Frieden mit sich selbst finden**“, können Sie im Kapitel „Wege des Heilens“ nachlesen.

sind eine wichtige Erfahrung, aus der man lernt. Man sollte sie zugeben, zu ihnen stehen und sich fest vornehmen, es künftig besser zu machen. Vorwürfe und Schuldgefühle bringen dagegen nichts, man muss sich mit sich selbst versöhnen, genau wie man sich nach einem Streit mit seinem besten Freund oder Freundin versöhnen würde, sich zulächeln, innerlich und auch vor dem Spiegel. Jeder ist mit all seinen Schwächen und Stärken ein wertvolles Geschöpf dieser Welt.

Das alles darf langsam und behutsam geschehen: Wer sich zu schnell und „alles auf einmal“ heilen will, riskiert dabei allzu heftige Reaktionen und eine „Heilkrise“, aus der man unter Umständen nur schwer heraus kommt.

화 해

*Koreanisch: Hwa Hae = Die Versöhnung*

*- Versöhnung, die mich stärkt und befreit -*

## Loslassen – Der zweite Schritt

### Der Weg zum Loslassen

Heutzutage hören und gebrauchen wir das Wort „Loslassen“ sehr häufig. Ich meine, das hat mit dem Bekanntwerden des Buddhismus in Europa zu tun. Dieser Glaube lehrt das Ablegen jeglicher Last, die den inneren Frieden stören könnte. Buddhistische Mönche und Nonnen scheren ihren Kopf kahl und tragen eintönige, bescheidene Gewänder zum Zeichen des Losgelöstseins von allem, was sie mit dem irdischen Dasein verbindet. Gut, jene Mönche und Nonnen haben sich vom weltlichen Leben verabschiedet.

Aber was bedeutet „Loslassen“ für uns, die wir unser irdisches Leben meistern dürfen?

Es ist höchst unbequem, alte Gewohnheiten zu ändern, Meinungen loszulassen. Manchmal erscheint es uns sogar leichter, unsere Krankheiten zu ertragen, als uns auf diese innere Arbeit einzulassen! Aber wenn wir dazu nicht bereit sind, dann beseitigen wir selbst bei medizinisch erfolgreicher Behandlung nur die äußeren Symptome. Die ursprünglichen Auslöser unserer Krankheit sitzen immer noch in uns und gären weiter bis zum nächsten Ausbruch.

Unser menschlicher Körper hat im Laufe der Zeit eine Reihe von Symptomen hervorgebracht, für die die Wissenschaft allerlei exotisch klingende Namen erfand. Zu jedem Symptombild wurde nach einem Gegenmittel geforscht, es bildeten sich sogar Spezialisten heraus, die sich nur mit ganz spezifischen Krankheitserscheinungen beschäftigen. Alle bemühen sich nach Kräften, die Symptome zu beseitigen. Ist das erreicht, bleibt dem Betroffenen nichts anderes übrig, als den nächsten Krankheitsausbruch abzuwarten. In ihm macht sich unsere Seele erneut bemerkbar.

Das, was wir tief in unserem Inneren begriffen haben, macht uns stark, und durch die so gewonnene Kraft können wir uns von mancherlei lästigen Gewohnheiten oder überflüssigen Dingen befreien. Durch diesen

Loslösungsprozess wiederum setzen wir die durchs Festhalten gebundenen Energien frei. Schädliche Gewohnheiten kann man jedoch nicht mit Gewalt loswerden. Unser Körper hat sich nämlich an viele schlechte Verhaltensweisen gewöhnt.

*Würde ein starker Kaffeetrinker beispielsweise plötzlich mit dieser seiner Gewohnheit brechen, könnte sein Organismus in eine schwerwiegende Krise geraten, Behutsamkeit ist angesagt. Das bedeutet, sich langsam und geschickt aus seinen Gewohnheiten zu schleichen, Tricks zu erfinden, um den Körper allmählich umzustellen. Humor ist dazu eine gute Basis und die Freude am WERDEN! Man kann sogar ein Spiel daraus machen, indem man mit seinen Gewohnheiten verhandelt und ihnen ein Geschäft vorschlägt, z.B.: „Wenn du mich jetzt zwei Stunden arbeiten lässt, will ich für dich eine Stunde faulenzen!“*

*Wer mit dem Kaffeetrinken aufhören will, schenkt sich nur eine halbe Tasse ein und füllt den Rest mit heißem Wasser auf. Hat er sich nach einiger Zeit an diesen verdünnten Kaffee gewöhnt, mischt er ihn im Verhältnis 1:2 usw. Das Bewusstsein, dass Kaffee in großen Mengen schädlich ist, hilft bei diesem Training, allmählich loszulassen.*

Viele unter uns verbringen hingegen einen Großteil ihres Lebens mit dem Wegwischen ihrer körperlichen Signale. Schmerzen, Ärger, Warten auf Genesung, Angst, dazu oft noch Demütigungen von ungeduldigen Ärzten und Therapeuten – das alles nehmen wir auf uns, statt uns um uns selbst zu kümmern! Machen wir uns bewusst, dass wir die Entscheidung selbst treffen dürfen, welchen Weg wir einschlagen.

### Loslassen des Egos

Das „Ichbewusstsein“, unser Ego, ist die Identifikation mit unserem persönlichen Wesen. Eigene Erfahrungen beziehen sich ausschließlich auf die persönlichen Wahrnehmungen und sind ich-bezogen. Wenn wir an uns arbeiten, dann sind das „Ich bin“-Bewusstsein und „Bei-uns-selbst-Sein“ wichtige Voraussetzungen: Man muss also einig mit sich selbst sein und sein Wesen pflegen. Jeder Mensch ist einmalig, nicht reproduzierbar. Was immer der Mensch empfindet, gilt für ihn, und das ist die eigene Wahrheit.

Das so oft gepriesene „Loslassen des Egos“ kann leicht zu Missverständnissen führen. Was soll man denn loslassen, wenn man nichts hat? Die Voraussetzung, um loslassen zu können, ist, dass wir zunächst einmal wir selbst sind, unser Ego also innere Stärke gewonnen hat, stabil und erfahren ist. Unsere Emotionen, Verhaltensweisen, Gedanken und deren Ursprünge wollen zuerst gelebt und erlebt sein, wollen erkannt werden, so wie ein Schulkind zu Anfang den ganzen Lernstoff bewältigt. Hat es ihn dann gemeistert, braucht es anschließend nichts mehr davon festzuhalten.

Die Übung zum „**Loslassen von Erinnerungen und unbegründeten Ängsten**“ ist im Kapitel „Wege des Heilens“ angeführt.

Anfangs bedeutet Loslassen lediglich, nicht an seinen Meinungen und Gewohnheiten zu kleben, sondern sich flexibel und lernbereit zu halten. Das Ego ist und bleibt bis zum letzten existenziellen Moment das Unterscheidungsmerkmal des Individuums. Erst wenn seine seelische Qualität auf die höchste Energieebene vorgedrungen ist, löst es sich in vollkommenes Chi auf – erst dann braucht das Ego nicht mehr zu existieren. Ins vollkommene Chi einzugehen bedeutet vollkommene Manifestation der universellen Liebe, der bedingungslosen Liebe.

## Loslassen der eigenen Kinder

Loslassen gilt als Befreiung und Freiwerden von Störungen, das heißt, wir wollen auch nicht auf andere störend einwirken. In diesem Sinne möchte ich hier über das Loslassen bzw. über das Festhalten der heranwachsenden eigenen Kinder sprechen. Kinder werden bei der Geburt von der Mutter körperlich abgenabelt, geistig nabeln sie sich normalerweise während der Pubertät ab. Diese Lebensphase ist für das Kind ein wichtiger Übergang zum Erwachsensein und für die Mutter und den Vater eine

Chance loszulassen. Wenn Eltern und Kinder diese Gelegenheit verpassen und dieser Prozess nicht stattfindet, kann sich das auf das weitere Leben beider Seiten ungünstig auswirken. Das Kind wird kaum selbstständig und eigenverantwortlich werden.

Das eigene Kind loszulassen bedeutet nicht, dass wir uns nicht mehr für es interessieren oder es gar ignorieren sollen. Vielmehr respektieren wir seine freien Willensentscheidungen. Es muss sich von uns frei fühlen, um erwachsen zu werden und sich selbstständig auf seinen Lebensweg zu begeben. Es ist selbstverständlich, dass Eltern sich um ihre Kinder kümmern und ihnen beratend zur Seite stehen. Die Eltern sollten den Weg des Kindes jedoch nicht durch zu starke Einflussnahme behindern. Sie sollten die Kinder vor allem niemals gegen ihren Willen zu etwas zwingen!

Freiheit bedeutet wiederum nicht, ohne Grenze oder maßlos zu sein. Wir Eltern können unseren Kindern aus unseren Erfahrungen einen gewissen Rahmen vorgeben, bis sie eigene Verantwortung tragen können. Dieser Rahmen bedeutet aber auch für Eltern, sich in ihrem eigenen Ermessen zu entfalten, die eigenen Begabungen und Fähigkeiten so gut es geht in der täglichen Realität des Lebens umzusetzen. Umso gründlicher lernt man durch die Konsequenzen des eigenen Handelns.

변 화

*Koreanisch: Byun Hwa = Die Veränderung*

*- Ich begrüße die fortwährende Wandlung des Lebens -*

## Das Lebensziel – Der dritte Schritt

### Der Weg zum Ziel

Zum Leben und Überleben brauchen wir ein Ziel. Es ist unsere Richtschnur, ohne die das Unternehmen des Lebens orientierungslos wird und scheitert. Typisch für einen solchen Zusammenbruch sind die vielen Beispiele z.B. von Managern, die aus dem Berufsleben ausscheiden und kurz darauf schwer erkranken oder gar sterben. Nach meiner Beobachtung haben solche Menschen außer ihrem Beruf kaum ein nennenswertes Lebensziel gepflegt. Ihr Interesse galt ausschließlich dem Beruf. Ihr Ehrgeiz lag einzig und allein bei ihrer Karriere. Nur sie war die Motivation ihres Daseins.

Wenn man ältere Menschen fragt, welche Ziel sie noch haben, antworten sie meistens achselzuckend, sie hätten keines mehr. Die Kinder sind erwachsen, die Arbeit ist getan. Dennoch sind sie oftmals nicht zufrieden, sondern gebrochen, krank und unglücklich. Auch wenn sie nach außen hin bekräftigen, dass sie eigentlich „ganz glücklich" seien, haben sie doch meist keinen wirklichen Frieden im Herzen. Innere Ruhe – das Einssein mit sich – kann jedoch erarbeitet werden. Frieden ist ein wahrhaft glücklicher Zustand. Er ist unser aller Lebensziel, und dieses Ziel liegt niemals außen, sondern in uns, in unserer spirituellen Entwicklung.

Dabei steht es uns selbstverständlich frei, selbst zu wählen, wofür wir unsere Lebenskraft nutzen wollen. Anstatt das Leben nur mit körperlichen Belangen zu verbringen, können wir entscheiden, es sinnvoller und nachhaltig zu gestalten, für uns und für die Welt. Wir wissen, dass wir nicht alleine leben, sondern alle miteinander, ich meine dies nicht nur räumlich, sondern auch zeitlich.

Unser innigster Wunsch ist unser Ziel und unsere Absicht, dieses zu erreichen. Je klarer die Absicht, desto gerader der Weg der Erfüllung. Außerdem werden wir tausendfach Hilfe von allen Seiten erfahren, wenn dieser innere Wunsch aufrichtig ist. Wenn wir voller Vertrauen sind und in Liebe und Respekt an uns arbeiten, werden wir Unterstützung finden.

All die Begriffe wie „Der Himmel hat dich erhört“, „Himmel und Erde wurden in Bewegung gesetzt“ „Die Engel helfen dir“ können dann wahr werden.

Wenn wir ein Ziel verfolgen oder an Zielsetzungen arbeiten, werden wir allzu leicht kopflastig. Da unser Ziel, ganz egal welcher Art es immer ist, von dem Willen, aus dem Kopf, und von der Sehnsucht, aus dem Herzen, entstehen soll, wäre es ratsam, eine Balance zwischen Kopf und Herz herzustellen.

Ein sogenanntes Bauchgefühl entwickelt sich in dieser Weise ausgeprägter. Es muss nicht unbedingt eine intensive meditative Erfahrung sein, um zu fühlen, dass all die Liebe und Weisheit in uns selbst liegt. Es kann alltägliche Banalität sein, die einen zum Aha-Effekt und zum Bewusstsein verhilft.

**Mit dem Herzen sehen lernen.**

Wenn wir einen Gegenstand oder eine Landschaft betrachten, fühlen wir es gleichzeitig an unserem Herzen.

Die Gedanken dabei sollen liebevoll sein, aber absichtslos.

Innere Entwicklung geschieht durch spirituelle Umwandlung und ist Transformation. Für diejenigen unter uns, die ihrem inneren Weg treu folgen, kann am Ende ihrer Entwicklung die vollständige Umwandlung in eine andere energetische Daseinsform stehen. Realistisch betrachtet werden jedoch die meisten diesen Zustand noch nicht erreichen, sondern sterben. Das Sterben ist das Ende unseres körperlichen Lebens, also der größte Umwandlungsmoment. So gesehen liegt das Lebensziel von uns allen zunächst im Sterben. Über den Tod habe ich bereits gesprochen, dennoch möchte ich hier noch einmal verdeutlichen: Es kommt im Leben wie im Tod darauf an, wie wir die Situation meistern: aktiv und freiwillig? Passiv, angetrieben, gezwungen? Sind wir gütig? Aggressiv? Und vor allem: Was wollen wir umwandeln? Unseren eigenen Tod zu akzeptieren ist viel zu wenig. Er ist unser Lebensziel und will daher gut bedacht und vorbereitet sein!

**Veränderung der Zielvorstellungen**

Ein Kind hat sein Ziel im Wesentlichen im Bereich des Lernens, es will nachahmen, entdecken und Erfahrungen sammeln. Es hat ein Vorbild (oft die Eltern), sehnt sich danach, auch so zu sein, es eifert nach und träumt. Manchmal ist das Ziel so hoch gesteckt, dass das Kind übermäßig wetteifert, und manchmal ist der Traum so fern, dass es tagträumerisch wird.

Als junger Mensch sieht man sein Lebensziel meistens im Bereich des Erwerbens, Eroberns und Besitzens. Berufswünsche, Geld verdienen, Karriere machen, eine Familie gründen, ein Haus bauen usw.

Im mittleren Alter gewinnt das Pflegen von ideellen Werten als Ziel zunehmend an Bedeutung. Man will sein Leben schöner gestalten, Gesellschaft pflegen und auch für die Sicherheit der eigenen Zukunft sorgen, Kinder großziehen und seine Macht vergrößern.

Oft sind wir uns unseres Lebensziels aufgrund der alltäglichen Anforderungen und Ablenkungen gar nicht bewusst. Manchmal scheint unser Ziel auch einfach darin zu bestehen, aus unseren Problemen herauszukommen. Da das Leben in der zivilisierten Welt größtenteils nach außen orientiert ist, sehen viele ihr Lebensziel logischerweise auch im äußeren Bereich. Wir erleben dann, wie Eltern aus allen Wolken fallen, wenn ihre Kinder „plötzlich" erwachsen und selbstständig werden und das Elternhaus verlassen. Diese Eltern hatten ihren ganzen Lebensinhalt in der Kinderversorgung gesehen.

Manche Menschen haben nicht nur ihr Leben äußerlich ausgerichtet, sondern klammern sich zudem an anderen fest, den Kindern oder dem Beruf, um ihren vermeintlichen Lebenssinn nicht zu verlieren. Natürlich sind Kinder oder der Beruf wichtig, sie sind Teil unserer Lebensaufgabe und Herausforderungen, an denen wir wachsen und lernen, aber sie sind nicht unser Lebensziel. Das wirkliche Lebensziel liegt in der inneren Entwicklung.

## Das Ziel im Hier und Jetzt

Es kommt immer darauf an, im „Hier und Jetzt“ zu leben. Das, was wir an diesem Ort, in diesem Moment erleben, wirkt weiter und gestaltet unsere Zukunft. Wenn wir das Jetzt achtlos verstreichen lassen, vergeuden wir unsere Zeit und trüben unsere Zukunft! Haben wir hingegen ein klares Ziel und bemühen uns um Bewusstheit, wird alles in die entsprechende Richtung gelenkt. Spiritualität als Entwicklung unseres Selbst findet nirgendwo anders statt als in uns und unserem Alltagsleben. Es kommt weniger darauf an, was wir tun, als vielmehr, wie wir es tun. Wir sind ein Bindeglied des Ganzen, das heißt, die eigenen Gedanken und sämtliches Tun und Lassen beeinflussen das Ganze. Selbst Alltagsroutinearbeiten sollten deshalb liebevoll erledigt werden und gelingen so viel besser. Das ist die Offenwahrung der unendlichen Liebe. Niemand ist allein, sondern wir alle sind umgeben von der bedingungslosen Liebe, dem Chi, die alles heilt, glückselig macht und somit den wahren Frieden gibt. So ist jeder allem gegenüber für alles verantwortlich.

**Mein Lebensziel formulieren.**

Am besten notiert man seine Ideen und Wunschvorstellungen in ein Heft und formuliert dann daraus seine Ziele. Ein Ziel sollte unbedingt realistisch sein, das heißt dem eigenen Wesen und der eigenen Begabung entsprechen und auch die jeweilige Lebenssituation (das Lebensumfeld) berücksichtigen.

Den Weg zum endgültigen Ziel können wir grob in Zeitabschnitte einteilen, die Unterziele beinhalten, z.B.: „In zehn Jahren möchte ich das ... verwirklicht haben, deswegen will ich spätestens in fünf Jahren an dem und dem Punkt angelangt sein. Im nächsten Jahr möchte ich Folgendes umsetzen ... Um das erwünschte Ziel zu erreichen, will ich mein Tagesziel realistisch konzipieren und es jeden Tag aufs Neue mit all meinen Kräften ansteuern.“

Bei dieser Arbeit hilft ein Tagebuch sehr, in das man die getanen Schritte eintragen und danach überprüfen kann, ob und inwieweit man seinem Endziel treu bleibt.

Jeder soll seinen Platz, auf den er geboren wurde, bewahren, denn er beinhaltet spezielle Aufgaben. Wir können in unserer Familie, unserer Tradition oder Religionszugehörigkeit die zeitgemäßen Probleme erkennen und an ihnen lernen, anstatt vor ihnen zu fliehen. Lebendige, spirituelle Entwicklungen liegen, wie schon gesagt, in ganz realen, alltäglichen Tätigkeiten.

Eine aufrichtige Lebensführung ist abhängig von dem gesetzten Ziel. Ohne ein festes Lebensziel irrt ein Mensch orientierungslos umher.

Jeder, der Probleme mit seiner Lebensführung hat, sollte daher seine Ideale und Gedanken überprüfen.

Über die Zielstrebigkeit sagte Buddha einmal: „Man sollte die Saite nicht zu stramm und auch nicht zu locker spannen, wenn man einen schönen Klang aus dem Instrument herauslocken will.“

진 실

*Koreanisch: Jin Sil = Die Wahrheit*

*- Meine Wahrheit in meinem Herzen -*

# WEGE DES HEILENS

Es gibt eine magische Formel zur Selbstheilung. Die Seele sehnt sich nach Frieden. Versöhnen mit der Vergangenheit und Loslassen der alten Muster sind die ersten Schritte auf dem Weg zur Heilung. Unabhängig von Bildungsstand oder sozialem Niveau können wir durch die Arbeit an uns selbst innerlich stark werden.

Innerer Frieden entsteht, indem man sich versöhnt, vereint und heilt. Die Dinge so zu sehen, wie sie sind, und nicht, wie man sie haben möchte, schafft Klarheit und ebnet den Weg zu Seelenfrieden und innerer Ruhe. Ruhe stärkt die geistige Kraft und vermehrt die Körperenergie. Deshalb ist es ratsam, regelmäßig taoistische Übungen auszuführen, denn diese harmonisieren Yin und Yang und lassen das Chi fließen.

**Wie übe ich?**

Manchmal treffe ich Menschen, die stolz sind, dass sie schon seit 20 Jahren z. B. Tai-Chi üben. Leider stellt sich oft heraus, dass sie eigentlich nichts damit erreicht haben. Ihr Chi ist diffus und trüb, ihr Wesen unsicher oder grob und unausgeglichen, sie verhalten sich überheblich und besserwisserisch, wollen oft andere belehren und sich ein Urteil über sie erlauben. Daran erkennt man, dass sich in Wirklichkeit nichts transformiert hat. Sie haben völlig an der Sache vorbei geübt. Sie hatten kein richtiges Ziel.

Jede taoistische Übung hat ihr eigenes, spezielles Ziel. Es ist wichtig, sich das bewusst zu machen. Wenn wir uns ein Ziel setzen und uns im Klaren sind, warum wir eigentlich Energiearbeit machen, können wir angesammeltes Chi sinnvoll für unsere Entwicklung nützen.

Es hat wenig Sinn, nur Methoden zu erlernen und sie zu üben. Wünschenswert ist vielmehr, das Ziel der jeweiligen Übung, die dahinterstehende Absicht zu begreifen und sie in Bezug zu den eigenen Belangen zu setzen!

*Ich möchte das an einem Beispiel veranschaulichen: Ein Meister oder eine Meisterin macht etwas vor, die Schüler folgen. Bis dahin ist alles in Ordnung. Die häufigste Frage an den Meister oder die Meisterin lautet dann: „Wie oft und wie lange soll ich üben?" - „Dreimal täglich eine Viertelstunde", ist vielleicht die Antwort. Der Schüler gibt sich damit zufrieden und schreibt auf: „Dreimal täglich eine Viertelstunde üben." Ein typischer Dialog zwischen Meister und Schüler, und doch hat der Meister seinem Schüler den ersten Schritt in die Selbständigkeit abgenommen. Dass der Schüler so fragt, kann man verstehen, aber die Antwort des Meisters unterstützt die Unselbstständigkeit des Schülers. Mit solch einer Antwort bindet dieser Meister den Schüler an sich und hält ihn weiterhin unter seinen „gütigen Fittichen". Es wäre sinnvoller, wenn der Meister die Meisterin erwidern würde: „Finde selbst heraus, welches Übungsmaß Dir gut tut". „Jeder ist seines Glückes Schmied", daher dürfen wir auch bei unserem Lernen selbstständig sein und entscheiden, was, wo und wie viel für uns persönlich gut ist. Das kann uns niemand abnehmen – und wir dürfen es uns auch nicht abnehmen lassen. Dann kommen wir wirklich weiter.*

Nur um mit unseren Fertigkeiten anzugeben oder irgendeinem Modetrend zu folgen, bräuchte man nicht mit viel Aufwand zu lernen und zu üben. Dann wäre es vielleicht sinnvoller, zu joggen oder Gymnastik zu machen.

Was wollen wir mit unserer Übung erreichen? Wollen wir gesund werden oder unsere Gesundheit erhalten? Wollen wir besondere Fähigkeiten erlangen, oder wollen wir einfach die Wirkungen ausprobieren? Diese Dinge muss jeder mit sich klären, bevor er oder sie die erste taoistische Übung macht.

승리

*Koreanisch: Sung Li – Der Sieg*

*- Über sich selbst siegen, das ist das Größte -*

## Übungen mit wundervoller Wirkung

Im folgenden Teil sind taoistische Übungen zusammengestellt, die grundlegend dabei helfen, die innere Stärke zu finden und aufzubauen: Es sind wichtige Schritte zur Selbstheilung. Jeder möge hier jene Übungen für sich wählen, die ihm persönlich hilfreich erscheinen, um das individuelle Lebensziel zu erreichen. Auch der kleinste Schritt auf diesem Weg ist schon Anlass zur Freude. Und statt sich zu verurteilen, wenn es mal nicht klappt, geht man einfach beharrlich weiter.

Eine Übersicht aller Übungen ist auch in der kleinen Broschüre enthalten, die diesem Buch beigelegt ist. Diese Broschüre soll Ihnen die Möglichkeit bieten, die Übungen in unterschiedlichen Lebenssituationen rasch zur Hand zu haben.

### Das „Innere Lächeln"

Als Kind sah ich meine Großmutter oft frühmorgens mit geschlossenen Augen in ihrem Bett sitzen. Ihre Gesichtszüge waren dann auffallend friedlich und sanft, und um ihre Mundwinkel lag ein rätselhaftes Lächeln. Manchmal war ich hellwach und betrachtete sie lange, bis ich wieder einschlief. Als ich viel später die wunderbare Meditationstechnik des „Inneren Lächelns" lernte, erinnerte ich mich wieder an meine Großmutter. Ich frage mich, ob ihre Morgen-Meditationen wohl der Grund dafür waren, dass sie nur selten krank war, obwohl sie unter belastenden, schwierigen Umständen lebte und sehr zierlich und klein war. Sie hatte zehn Kinder geboren, zwei Schwiegerelternpaare zu versorgen und später noch uns, ihre vier Enkelkinder, großgezogen.

Jeder weiß aus eigener Erfahrung, wie angenehm ein fröhliches Lächeln sein kann. Es wirkt entspannend, es tröstet, weckt Vertrauen, es signalisiert Sympathie und Herzenswärme. Ein Lächeln verzaubert manch mürrisches Gemüt! Es besitzt heilende Kraft und vermittelt Geborgenheit und Glücksgefühle. Diese wiederum erzeugen die höchste Lebensschwingung. Daher haben wir alle das Bedürfnis, glücklich zu sein. Auch unser inneres Wesen, unsere Seele, strebt nach Glück. Ohne

Glücksgefühl fühlen wir uns unwohl, müde oder steif. Ignorieren wir diese Signale, wird unser inneres Wesen allmählich unglücklich und krank.

Unsere inneren Arbeiter, die Zellen, wollen glücklich und aufbauend tätig sein, das entspricht ihrem naturgemäßen Ordnungsprinzip. Wenn wir uns also nicht um uns selbst und unser Glück kümmern, verkümmert unsere äußere Form – unser Körper – und wird krank.

Die Übung des „Inneren Lächelns" ist sehr einfach und effektiv. Darum lohnt es sich, noch heute anzufangen, sie zu praktizieren. Wenn wir hier und jetzt beginnen, an uns zu arbeiten, werden wir ganz bestimmt unseren Zustand verbessern. Und wenn es uns gut geht, geht es unserer Umgebung auch besser. Dass es sich lohnt, an sich zu arbeiten, habe ich an mir selbst erfahren. Ich möchte an dieser Stelle eine berühmte indische Anekdote erzählen, die ich von meinem Lehrer Mantak Chia habe.

*„Ein Vater vererbte seinem Sohn eine sehr heruntergewirtschaftete Fabrik. Der Sohn bat einen Weisen um Rat, wie er diese Fabrik noch retten könne. Der Weise gab ihm eine Schachtel und trug ihm auf, diese unter den Arm zu nehmen und jeden Morgen durch sämtliche Räume seiner Fabrik zu gehen. Auf keinen Fall dürfe er die Schachtel aufmachen, da sonst die Wirkung verloren gehe!*

*Der Sohn befolgte diesen Rat ein halbes Jahr lang jeden Tag.*

*Und siehe da, langsam, aber stetig florierte die Fabrik. Der Sohn war überaus glücklich und fragte den Weisen nach dem Inhalt der Schachtel, denn ihre Zauberkraft sei enorm. Der Weise öffnete die Schachtel und entnahm daraus einen Zettel, auf dem stand, dass sich durch das täglich gezeigte Interesse an dem Unternehmen der Erfolg von allein einstellen würde: Die Fabrikarbeiter fühlten sich wieder umsorgt, da der Chef jeden Tag anwesend war und sein Interesse am Fabrikgeschehen zeigte. Sie fühlten sich gebraucht, anerkannt und unterstützt. Daher fingen sie wieder an, ihre Arbeit ernst zu nehmen."*

Unser Körper ist also nicht nur ein Tempel unserer Seele. Er ist auch eine Art Energiefabrik mit unzählig vielen Arbeitern, die aufmerksam, sachgerecht und liebevoll geleitet werden sollten. Behandeln wir sie also mit Würde und Respekt! Gute Führungskräfte sind gütig und kümmern sich um ihre Mitarbeiter, oder nicht? Sie ermuntern sie, erkennen sie an, loben sie, hören sich ihre Sorgen an und helfen. Wenn sie dabei noch ein aufrichtiges Lächeln auf den Lippen tragen – wie wunderbar positiv kann das auf das Gegenüber wirken!

Die Übung des „Inneren Lächelns“ bewirkt, dass man sich selbst allmählich besser wahrnehmen und respektieren kann, dass man sich selbst liebt und vertraut. Später erlebt man, wie der Körper antwortet und zurücklächelt. Dann wird man sich einfach glücklich fühlen können – auch ohne äußeren Grund. Ja, um sich glücklich zu fühlen, braucht man keinen äußeren Anlass.

Die nachfolgende Übung wurde von den Taoisten im alten China zur Entspannung und Harmonisierung ihrer Organe und aller Körperzellen täglich praktiziert. Sie lächelten freundlich in sich hinein und hielten so aufmerksamen Kontakt mit sich selbst und ihren Körperzellen. Dabei stellten sie die innere Harmonie her.

미 소

*Koreanisch: Mi So = Das Lächeln*

*- Ich nutze diese geniale Gabe für die Versöhnung -*

**Das „Innere Lächeln“.**

Ich setze mich an einen ruhigen Platz.

Ich mache meine Stirn glatt und entspanne mein ganzes Gesicht.

Ich schließe die Augen und atme langsam, tief und ruhig.

Ich lenke meine Aufmerksamkeit ruhig nach innen – zu meinem Herzen –, lächle es an und grüße es: „Hallo, mein Herz, wie geht es dir heute?“

Ich gebe meinen Gefühlen Raum.

Es ist wichtig, dabei wirklich zu lächeln, das heißt auch mit der Mimik, dem Mund und den Augenwinkeln!

Dann besuche ich mit dem Lächeln nacheinander meine Lunge, meine Leber, meinen Magen, meine Milz usw.

Diesen „Rundgang“ setze ich durch meinen ganzen Körper fort.

Ich gehe auch meine Wirbelsäule entlang, frage nach dem Befinden der einzelnen Wirbelkörper.

Ich grüße meine Verdauungsorgane, meine Drüsen, alle Glieder, die Knochen mit ihrer Knochenhaut, den Sehnen und Bändern, meine Muskeln und gehe entlang meiner Blutgefäße oder Nervenbahnen.

Ich schenke meine Aufmerksamkeit und Liebe besonders den erkrankten Körperstellen und habe Mitgefühl mit ihnen. Dabei ermuntere ich sie gleichzeitig, dass sie sich selbst heilen können. Ich bin gut zu ihnen.

Ich zeige mein Vertrauen und meine Zuversicht.

Wenn der Rundgang zu Ende ist, verabschiede ich mich und verspreche wiederzukommen.

Hinweis: Als geübter Mensch kann ich zwischendurch tags über kurz in mich hinein lächeln, oder etwaige Verspannungen oder Schmerzen weglächeln.

## Übung des „Inneren Lächelns“

Sich selbst zu heilen bedeutet nicht, dass man keinen Arzt mehr braucht. Oft ist die Unterstützung eines Arztes oder eincs Therapeuten dringend angeraten – ganz besonders, wenn eine Krankheit schon weit fortgeschritten ist. Mit dem „Inneren Lächeln“ kann man die üblichen Therapien aber begleiten und unterstützen. So sind wir in der Lage, die Selbstheilungskräfte unseres Körpers zu fördern.

Die persönliche Anleitung einer Tao-Lehrerin oder eines Tao Lehrers kann den Einstieg in die Übung möglicherweise erleichtern. Manchem fällt die Übung vielleicht auch in einer Gruppe leichter als alleine.

Wenn das „Innere Lächeln“ zu einem täglichen Ritual wird – wie Zähne putzen oder duschen –, dann stellt sich bald eine heilende und wohltuende Wirkung ein, die das positive Lebensgefühl steigert. Die Menschen scheinen allmählich freundlicher zu werden und die Alltagsdinge laufen irgendwie besser. Als ob es plötzlich viel mehr zu lachen gäbe. Wäre das nichts?

**Sich selbst annehmen.**

Ich mache es mir bequem, im Sitzen oder Liegen, und entspanne mich.

Ich lächle mein Herz an und meinen Bauch.

Ich lege meine Hände auf meinen Bauch, massiere ihn ein wenig und sage zu mir:

„Ich respektiere und liebe mich mit all meinen Fehlern,

ich respektiere und liebe mich mit all meinen Schwächen,

ich respektiere und liebe mich mit all meinen Schmerzen."

Diese Sätze wiederhole ich jeweils dreimal, langsam und deutlich.

## Sich selbst annehmen

Die Liebe zu uns selbst ist die Basis, um unsere Energien, die positiven wie die negativen, ins Gleichgewicht zu bringen und ein geglücktes Leben zu führen. Deshalb steht am Anfang aller taoistischen Wege die Selbstakzeptanz. Folgende Übung sollten wir täglich mindestens einmal, am besten vor dem Schlafengehen machen.

## Meine Konzentration steigern

Sinnvoll ist es, diese Übung zur Steigerung der Konzentrationsfähigkeit so oft wie möglich zu machen. Dann erwirbt man eine Konzentrationsfähigkeit für längere Zeit.

**Meine Konzentration steigern.**

Ich entspanne zuerst mein Gesicht und lächle.

Danach lächle ich einen bestimmten Körperteil an, zum Beispiel meine Handfläche, meinen Handrücken, das linke Knie, die Hüfte oder meine großen Zehen.

Ich suche mir jedes Mal eine neue Stelle aus, auf die ich mich konzentriere und die ich anlächle.

Diese kleine Übung kann schon sehr viel bewirken. Man kann das ausprobieren, indem man einer Stelle zulächelt, die sich unangenehm anfühlt oder gar schmerzt. Der Schmerz wird anfangs eventuell noch stärker, wenn man aber nicht aufgibt zu lächeln, wird er relativ bald nachlassen oder sogar ganz verschwinden. Mit dem Lächeln und der Zuwendung gelingt es, Krämpfe und Verspannungen an Schmerzstellen im Körper selbstständig zu lösen.

Schwerwiegende und tief sitzende Krankheiten können wir sicher nicht nach kurzem Üben „weglächeln". Trotzdem hat es in jedem Fall eine positive Wirkung. Lassen wir uns nicht gleich entmutigen, sondern üben wir kontinuierlich weiter. Je besser unsere Konzentrationsfähigkeit ist, um so mehr können wir zu unserer eigenen Heilung beitragen.

Sobald die kleinen Konzentrationsübungen keine Mühe mehr bereiten, kann mit einer etwa 15-minütigen Meditation begonnen werden. Auf diese Weise kann es jedem gelingen, zur Ruhe zu kommen.

**Das Chi fließen lassen**

Die Arbeit mit dem Chi ist wichtig, weil wir negative Elemente in uns erkennen, integrieren und so zum Positiven transformieren wollen. Mit anderen Worten: Wir möchten das blockierte oder brachliegende Potenzial in uns positiv umwandeln. Negatives in Positives umzuwandeln heißt heilen. Heilen ist eine Transformation. Transformation ist immer auch Entwicklung. Eine Entwicklung vollzieht sich in vielen Stufen, sie ist ein fortlaufender Prozess – bis hin zur Umwandlung vom Materiellen ins Immaterielle.

Das ist das ursprüngliche Ziel einer Chi-Übung.

**Das Chi fließen lassen.**

Ich stelle mich geistig darauf ein, Chi-Übungen zu machen.

Ich bin aufmerksam, aktiviere meine Sinne.

Ich stehe in „Reiterposition" – die Fußspitzen zeigen gerade nach vorne.

Ich recke mich mit beiden Armen langsam nach oben zum Himmel, stehe gleichzeitig mit meinen Füßen fest auf der Erde und spüre den Druck auf den Fußsohlen.

Ich atme dabei ein.

Während des Ausatmens streife ich mit meinen Händen langsam und gleichmäßig den Himmel entlang – seitlich nach unten – bis beide Hände sich vor dem Körper berühren.

Ich fühle, dass ich die Himmelsenergie in meinen Armen empfange!

Ich wiederhole diese Übung so oft, wie ich mich wohlfühle, mit fließender Atmung und mit einem Lächeln um den Mund und in den Augenwinkeln.

## Kontemplation zur Liebe

Um die Liebesfähigkeit zu stärken, bewährt sich nebenstehende Übung.

**Kontemplation zur Liebe.**

Ich setze mich ruhig hin und lasse die folgenden Sätze ruhig in mir wirken:

„Tief in meinem Herzensgrund fühle ich mich fröhlich, unbeschreiblich glücklich.

Ich fühle mich geborgen und habe Vertrauen, habe Respekt gegenüber allen Dingen. Ich fühle innere Hingabe, Größe und Weite. Ich scheine alles begreifen und in seinem Wesen verstehen zu können.

Ich fühle mich mit allem einverstanden. Ich fühle mich frei, kann loslassen und anderen die Freiheit gewähren. In Liebe bin ich offen, so weit, dass ich das NICHTS im Herzen fühle.

In Liebe kann ich mich mit allem versöhnen, mit der ganzen Welt, und bin bereit, den anderen meine Hände zu reichen – ohne Bedingung.

In Liebe fühle ich mich von Flügeln getragen. Ich trage nur gute Wünsche in meinem Herzen. In Liebe verschmelzen Yin und Yang.

Liebe ist die Urkraft, das Ganzwerden im unendlichen Chi.“

## Die „Sechs heilenden Laute“

Es ist wichtig, unseren negativen Emotionen genau wie den positiven Raum zu geben und sie anzunehmen. Wenn allerdings Denken und Handeln zu viel und zu lange in Richtung „negativ“ tendieren, entstehen in unseren Körpergeweben Verhärtungen und Knoten, die das Leben im gesunden Wechsel behindern und uns aus dem Gleichgewicht bringen. Daher sollten wir uns darum kümmern, unsere negativen Gefühle wie Angst, Misstrauen, Zorn, Hass, Trauer, Missmut oder Sorge immer wieder loszulassen und so unsere Energien ins Positive zu transformieren. Eigenschaften wie Vertrauen, Güte, Freundlichkeit, Fröhlichkeit, Mut, Offenheit, Rechtschaffenheit und Ausgeglichenheit werden gestärkt.

Hierzu gibt es eine wunderbare taoistische Übung. Sie heißt die „Sechs heilenden Laute".

Man arbeitet dabei freundschaftlich an seinen inneren Organen – Lunge, Nieren, Leber, Herz, Milz und wandelt deren Organenergie positiv um.

Nachfolgend stelle ich nur eine Übung aus diesen „Heilenden Lauten" vor, da es sinnvoll ist, das vollständige Programm für alle Organe unter der persönlichen Anleitung einer Tao-Lehrerin oder eines Tao-Lehrers zu erlernen, die oder der dann auch bei eventuell am Anfang auftretenden körperlichen Reaktionen beratend zur Seite stehen kann. Zur Vorbereitung sind einige Bücher zu diesem Thema empfehlenswert (siehe die Literaturempfehlungen).

Wenn jemand zum Beispiel des Öfteren Zorn verspürt oder gar unter Zornesausbrüchen leidet, ist das ein Zeichen, dass seine Leber mit negativer Energie überfüllt ist. Durch falsche Ernährung, zu viel Kaffee, übermäßigen Medikamentenkonsum und nicht zuletzt durch unsere Umweltgifte ist unsere Leber meist schon so belastet, dass jeder von dieser Übung profitieren kann.

Auf diese Weise werden negative Lebensenergien in positive transformiert. Die Wirkung ist verblüffend. Für mich selbst bewirkten die „Sechs heilenden Laute" nicht nur eine innere Umwandlung meiner emotionalen Qualitäten, sondern es wandelte sich auch die Wahrnehmung meiner Umgebung ins Positive!

**Die heilenden Laute für die Leber.**

Sitzend, stehend oder auch liegend massiere ich mit etwas Druck zunächst mit beiden Händen unter dem Rippenbogen auf der rechten Seite den Leberrand.

Dann lege ich meine Hände auf die Lebergegend und fühle ganz achtsam hinein (ungefähr in der Mitte des rechten Rippenbogens liegt die Gallenblase). Dabei verbinde ich all meine Sinnesorgane, ganz besonders die Augen mit der Leber. (Die Augen sind Kinder der Leber.)

Während des Einatmens mit den Händen etwas Druck auf die Leber ausüben und beim Ausatmen allmählich nachlassen (langsam). Das Ausatmen sollte mit einen Zisch-Laut verbunden sein, als würde man um Ruhe bitten.

TSCHÜÜÜ——

Dieses Atmen wiederhole ich einige Male, denke an die frische grüne Farbe der Bäume im Frühjahr und lächle dabei in die Leber hinein – mit einem Gefühl von Freundlichkeit und Großmut. (Denn dies sind die positiven und lebendigen Eigenschaften der Leber.)

Am Anfang meiner Heilungszeit war es mir regelmäßig schwindlig und schlecht, wenn ich übte. Manchmal fühlte ich dunkle Wolken aus mir weichen und mir wurde unbehaglich. Aber ich spürte, wie notwendig es war, meine Organe von all diesen negativen Stauungen zu befreien. Mir wurde klar, es war kein Wunder, dass ich vorher so krank gewesen war.

Diese Arbeit an uns ersetzt jedoch keine Medikamente oder andere Mittel. Wir müssen sie zudem für uns selbst tun!

Nochmals möchte ich jedem ans Herz legen, seine negativen Eigenschaften nicht zu bekämpfen! Wir müssen vielmehr versuchen, sie anzunehmen und ins Gleichgewicht zu bringen. Je gütiger wir mit uns umgehen, desto besser können sie sich in uns umwandeln. Behandeln wir uns selbst liebevoll, dann können wir auch unseren Mitmenschen liebevoll begegnen.

Es fällt anfangs in der Regel schwer, die eigenen dunklen Seiten wirklich anzunehmen – vor allem, wenn wir dazu erzogen wurden, immer lieb zu sein. Mir wollte es auch lange nicht gelingen. Ich merkte aber, dass mich jedes Mal, wenn ich es geschafft hatte, eine gewisse Stärke und Kraft erfüllten. Manchmal, wenn ich doch mit schlechten Gedanken eingeschlafen war, wachte ich morgens schwer und steif auf, oft sogar mit schmerzendem Körper. Das erleben sicher auch andere so.

Am besten übt man täglich abends vor dem Zubettgehen, aber man kann die Technik natürlich bei aufsteigendem Zorn oder Wut auch direkt einsetzen. Es lohnt sich, das drei Wochen bis drei Monate lang auszuprobieren, danach kann jeder für sich selbst Bilanz ziehen.

### Rosa Meditation zur Versöhnung

Geistige Pflege beruht – wie bereits beschrieben – zum größten Teil auf Versöhnungsarbeit. Betrachten und begegnen wir den anderen würdevoll, denn sie sind unsere Lehrer! Sie bringen uns dazu, dass wir an uns arbeiten müssen. Wir werden überall Menschen antreffen, die uns herausfordern. Gerade nahestehende Menschen sind häufig schwierig, aber hier stellt sich uns die Aufgabe, Vergeben und Liebe zu üben. Wir müssen uns nicht „die ganze Welt zum Freund machen". „Die beste Abwehr ist das Vermeiden", sagen die Taoisten. Das gilt beispielsweise bei Menschen, mit denen uns nichts als eine flüchtige Begegnung verbindet.

Versöhnung ist ein Akt der Heilung. Nicht nur Heilung in der Beziehung, sondern Heilung der eigenen Seele. Eine grundlegende Heilung muss daher von innen vollzogen werden, ganz gleich, wie der Name einer Krankheit heißen mag. Lassen wir deswegen jede Unterstützung von außen nur eine zusätzliche Hilfe werden für unser eigenständiges Bemühen um Gesundung. Die eigenen Schwächen freundlich anzunehmen, ist ein Akt der Versöhnung, der Wunden heilen lässt und die Seele mit Dankbarkeit erfüllt.

Die folgende Übung lernte ich ganz am Anfang meiner Heilungszeit von dem amerikanischen Heiler Bob. Sie ist heute noch aktuell und heißt „Die rosa Meditation". Es ist auch die Versöhnungsmeditation, die ich über ein Jahr lang im Badezimmer geübt habe.

Weiters ist es empfehlenswert, die „Sechs heilenden Laute" bei einer Tao-Lehrerin oder einem Tao-Lehrer zu lernen. Sie sind sehr heilsam und gehen noch stärker in die Tiefe.

Man muss sich immer bewusst sein, dass man sich, wo man auch gerade steht, heilen, stärken und entwickeln kann. Es mag sein, dass der eine oder andere einen längeren Zeitraum dazu benötigt und es etwas Mühe kostet. Aber es ist für jeden möglich! Dabei darf man keine sofort sichtbaren Ergebnisse erwarten, vielmehr muss man geduldig mit sich

**Rosa Meditation zur Versöhnung.**

Ich setze mich aufrecht hin, atme tief ein und aus. Ich stelle mir in meinem Herzen eine lebendige rosa Farbe vor. Dieses Rosa kreist und kreist in meinem Herzen, dehnt sich immer weiter aus, in meinem ganzen Körper und darüber hinaus. Ich sitze nun inmitten von rosa Wolken, deren Ursprung mein Herz ist.

Ich gehe in mich und sage mir dreimal sehr deutlich: „Ich liebe mich, ich bin in Frieden mit mir, Gott segnet mich."

Ich mache meine rosa Wolken danach noch größer und stärker. Nun bringe ich meinen ärgsten Feind ins Rosa hinein, direkt vor mein Herz.

Ich schaue meinem Feind direkt in die Augen und sage deutlich und langsam (dreimal): „Ich liebe dich, ich bin in Frieden mit dir, Gott segnet dich." Ich umarme meinen Feind und lasse ihn bzw. sie frei, nach Hause gehen.

sein, weiterarbeiten und aus den kleinen – und großen – alltäglichen Dingen lernen. Dabei ist auch die Lebensfreude selbst an den winzigsten Kleinigkeiten nicht zu vergessen.

Wer diese Richtlinien beachtet, schafft eine gute Grundlage für seine seelische Entwicklung.

# 평 화

*Koreanisch: Pyung Hwa = Der Frieden*

*- Frieden, vollkommene Harmonie, die ich einen Moment lang erfahren darf -*

## Frieden finden

Langfristiger innerer Frieden entsteht durch taoistische Übungen allmählich ganz von selbst. Als besondere Übung zur Erlangung von Frieden können wir kurzfristig und wiederholt mit uns selbst einem Friedensvertrag schließen. Genau so wie zwei Parteien oder zwei Menschen einen Friedensvertrag schließen, reichen wir uns die Hände dabei.

**Frieden mit sich selbst finden.**

Ich entspanne mich im Liegen, Sitzen oder Stehen und atme dabei einige Male tief durch.

Ich lege meine rechte Hand in meine linke Hand. Beide Handflächen halten sich ineinander, so wie zwei Menschen sich die Hände halten, und sie ruhen direkt an meinem Solarplexus (zwischen Brust und Bauch).

Ich lächele in meinen Solarplexus und in meine beiden Hände. Dabei spreche ich laut und deutlich die folgenden Sätze:

„Ich schließe Frieden mit dir - JETZT.

Du bist ein liebenswerter Mensch, so wie du bist.

Ich respektiere dich, ich vertraue dir, ich liebe dich.

JETZT bin ich Frieden mit mir.

Alles, was geschehen ist, ist gut für mich und stärkt mich."

Dabei ist der Händedruck deutlich und ausdrucksvoll.

Diese Sätze wiederhole ich, so oft ich kann, und beherzige das, was ich zu mir sage.

Ich ärgere mich nicht mehr über mich selbst, sondern formuliere lieber eine Selbstironie, wie z.B. „Ach du kleines Dummerchen, hast du wieder...".

## Loslassen von Erinnerungen und Ängsten

Diese Übung habe ich von einem mexikanischen Schamanen gelernt und etwas umgewandelt. Ich benutze sie, um immer wiederkehrende negative Gedanken zu neutralisieren: Das heißt, die Erinnerungen bleiben zwar, aber sie stören nicht länger. Außerdem neutralisiert diese Übung die unbegründeten Ängste.

**Loslassen von Erinnerungen und unbegründeten Ängsten.**

Ich setze mich hin, stehe oder liege, wenn die quälenden Gedanken auftauchen. Ich atme tief ein und aus und drehe dabei den Kopf nach links und rechts, die Augen bleiben offen:

links – einatmen, rechts – ausatmen, dann einmal ohne Atem links und rechts;

links – 2. Mal einatmen, rechts – ausatmen, einmal ohne Atem links und rechts;

links – 3. Mal einatmen, rechts – ausatmen, usw.

Ich stelle mir dabei genau die Einzelheiten meiner quälenden Erinnerungen vor. Ich atme solange weiter, bis die Erinnerung oder Ängstlichkeit verblasst.

Kommen die negativen Gedanken erneut, wiederhole ich die Übung.

## Wir sind das Zentrum des Universums

Wenn wir geboren werden, sind wir der Mittelpunkt der ganzen Familie. Alles dreht sich um das Neugeborene, wir werden umsorgt und gepflegt. Während wir heranwachsen, werden wir erzogen und in die menschliche Gesellschaft eingeführt. Das ist notwendig und gut. Leider wird dabei jedoch nur allzu oft unser eigenes Wertgefühl immer weiter verdrängt. Wir fühlen unsere ursprüngliche Geborgenheit nicht mehr, erleben uns eingeschränkt und ungeachtet, ungeliebt, unwichtig, minderwertig und werden unsicher. Das Vertrauen in uns selbst wird auf eine harte Probe gestellt, und viele von uns verlieren es.

Wenn wir uns dann tief innerlich gekränkt und ungerecht behandelt fühlen und uns deshalb selbst in eine Ecke stellen, entspricht das sicher nicht unserer ursprünglichen Natur! Unser natürliches angeborenes Sein stellt uns nämlich in die Mitte des Universums, mit dem wir ohne Einschränkung nach allen Richtungen verbunden sind. Daher dürfen wir wie ein Stern nach allen Seiten strahlen. Das ist unsere eigentliche, wahre Natur, ganz egal, was und wo wir sind, was wir machen, ob arm oder reich, ob gebildet oder ungebildet. Wir dürfen spüren, dass wir von überall her versorgt werden. Wenn wir uns in dieser Mitte erleben, können wir ein „runder Mensch" sein, unseren Platz im Leben einnehmen und Erfüllung finden. Als Mittelpunkt des ganzen Universums wer-

**Meine eigene Mitte finden.**

Ich lege meine rechte Hand auf den Nabel und die linke Hand an den Rücken, direkt gegenüber meiner Hand. Zwischen meinen Händen, in der Bauchmitte, ist meine Mitte, mein energetisches Zentrum.

Ich stehe, sitze oder liege und entspanne mich. Ich spüre mein Herz. Es ist voller Liebe. Ich erinnere mich, dass ich einmal sehr, sehr glücklich war. In diesem Gefühl verweile ich und spüre ihm nach.

Ich lächle in meine Mitte und bringe mein Glücksgefühl dorthin.

Das wiederhole ich einige Atemzüge lang. Ich spüre, wie mein Bauch sich nun wohlig fühlt, warm und angenehm, erfüllt mit Glück.

Ich halte meine Wahrnehmung in meiner Mitte und nehme gleichzeitig meine Umgebung wahr. Ich lächle meiner Umgebung zu und verbinde meine Mitte nach allen Seiten: nach vorne, hinten, rechts und links, nach oben, unten und allen anderen Richtungen.

Nun lasse ich meinen Atem abwechselnd nach innen und nach außen fließen und verbinde meine Mitte bei jedem Atemzug mit meiner Umgebung, mit allen Menschen und Tieren, mit der Natur, der Landschaft, der ganzen Welt und mit dem ganzen Universum.

Dabei nehme ich mich selbst wahr, meine eigene Position: die Mitte meiner Welt. ICH BIN DIE MITTE DER WELT!

den wir uns wieder umsorgt fühlen. Dann können wir uns entfalten, wie es unserem innersten Wesen entspricht.

Unsere Welt ist voll Vertrauen, Respekt, Liebe und Tugendhaftigkeit, wenn es uns gelingt, aus unserer eigenen Mitte heraus stark zu werden. Dafür sind wir selbst verantwortlich.

Und jeder einzelne Mensch darf für sich Mitte sein und sie sich bewahren. In diesem Bewusstsein handeln wir umsichtig und ausgeglichen. Wir sind dann auch fähig, auf den gesellschaftlichen Mittelpunkt zu verzichten und wahrhaftig für uns selbst und andere da zu sein.

중 앙

*Koreanisch: Chung Ang = Die Mitte*

*- Meine Mitte ist die Mitte des Universums -*

**Diamanten-Übung.**

Ich sitze aufrecht und atme in meine Bauchmitte.

Ich lege eine Handfläche an den Nabel und die andere Handfläche direkt gegenüber auf den Rücken.

Ich stelle mir vor, in jeder meiner Handflächen sei ein großer geschliffener Diamant, vorne und hinten. Die beiden Diamantenspitzen berühren sich beinahe in der Bauchmitte, es bleibt aber eine kleine Spalte dazwischen.

Wenn die beiden Diamanten so bestehen, lege ich meine Hände an meine Körperseiten und lege zwei weitere Diamanten in meine Handflächen. Ihre Spitzen weisen zu den anderen beiden Diamantspitzen (siehe Skizze).

Beim Ausatmen dringe ich in die entstandene Spalte ein, als würde ich eine Glut anpusten.

Wenn alle vier Diamanten klar stehen, erhebe ich mich und bewege mich langsam ohne dass die Diamanten verlorengehen. Die Diamanten strahlen nach allen Himmelsrichtungen, auch nach oben und nach unten.

Das Diamantenlicht kann sich nach außen dehnen, es füllt das ganze Zimmer, die ganze Stadt, das ganze Universum. Das Zentrum bleibt immer im selben Punkt, in dem ich die Glut entfache. (Diese Diamanten sind nicht nur visuell, sondern wirklich vorhandene Energiemuster.)

Die Diamanten sammeln die äußere Energie und bringen sie in mein Inneres, während alle negativen Energien ins Positive umgewandelt werden. Mit der Zeit entsteht das Gefühl, dass das ganze Universum mit mir verbunden ist, dass ich selbst sein Zentrum bin. Es fühlt sich reich, stabil und mittig an, ich empfinde eine Fülle von Energie. Alles, was draußen geschieht, geschieht auch in mir. Somit bin ich auch für alles verantwortlich.

Wenn die eigene Mitte stabil ist, kann man auf gesellschaftlicher Ebene zurückhaltender sein.

**Befreiung von einer Besessenheit.**

Zunächst muss ich mir darüber klarwerden, seit wann ich die besagten Beschwerden habe und wer in meiner Nähe verstorben ist. Sobald ich eine Vermutung habe, spreche ich denjenigen in einer Meditation direkt an und bitte ihn inständig, seine eigene Energie mitzunehmen. Dazu lasse ich den Betreffenden so nah an mich heran, dass ich ihn klar erkennen kann, und rede ihm oder ihr folgendermaßen liebevoll, aber bestimmt zu:

„Ich danke dir für deine Fürsorge. Du konntest mich nicht loslassen. Ich habe Verständnis. Ich respektiere dich, ich liebe dich, ich lasse dich nun frei. Du gehörst ins Himmelreich, wo du dich weiterentwickeln kannst. Ich schenke dir meine Zuneigung und Liebe."

Hier nun nenne ich der Seele eine mögliche Bezugsperson im Jenseits, etwa einen ihr bekannten großen Meister bzw. Meisterin oder ihre schon längst verstorbenen Angehörigen.

Währenddessen atme ich tief ausleitend mehrmals in Richtung Füße oder direkt aus der betroffenen Stelle meines Körpers. Dabei leite ich diesen Verstorbenen in einen großen Ballon hinein oder in eine Sänfte. Nun lasse ich sie aufsteigen, Engel nehmen die Sänfte in Empfang und fliegen mit ihr weiter bis zum Horizont. Ich verabschiede mich intensiv von dem Verstorbenen und wünsche ihm oder ihr alles Gute, Liebe und Frieden.

Zurückgekommen zu mir selbst, fühle ich meinen eigenen Körper und sage zu mir: „Ich bin frei. Ich lasse los. Ich bin auf dieser Erde HIER und JETZT." Dabei erspüre ich genau meine momentane Position, strecke mich, gähne und balle ein paar Mal die Fäuste.

**Befreiung von einer Besessenheit**

Zur Befreiung von einer leichten Besessenheit, wie sie die Fallbeispiele im Kapitel „Die Besessenheit von Seele und Geist" darlegen, kann man selbst etwas unternehmen.

Wie viele andere Arbeiten wird auch diese leichter, wenn man sie gemeinsam mit einer kompetenten Person verrichtet, die die fremde Energie ausleitet. Mit der nötigen Konzentrationskraft – bei solchen Übungen darf man auf keinen Fall seine Gedanken schweifen lassen – kann es jeder aber auch alleine probieren.

## Gedanken über meinen Tod

Den Tod zu akzeptieren, ihn hinzunehmen ist viel zu wenig, Ich denke, jeder tut gut daran, ab einem gewissen Alter über seinen Tod nachzudenken, und ihn zu verstehen, damit dieser wichtige Übergang vorbereitet und ohnc Ängste bewältigt werden kann.

**Gedanken über meinen Tod.**

Ich setze mich mit meinem Schreibzeug hin und schreibe Gedanken über meinen Tod auf. Der Anfang lautet:

„Wenn ich morgen sterbe ..." Dabei überlege ich, was beispielsweise mit meinen Angehörigen passiert, mit meiner Arbeit usw. Was hinterlasse ich?

Unordnung – welcher Art? Gibt es viele Feinde, Freunde? Würden sie sich freuen, erleichtert fühlen oder wirklich trauern?

Als nächstes gehe ich auf einem schönen Friedhof spazieren und suche ein gutes Modell, wie mein Grab aussehen könnte: Grabstein, Bepflanzung und auch Himmelsrichtung und Lage.

Die Gedanken, die ich mir gerade gemacht habe, lasse ich eine Zeitlang wirken, bevor ich mit dieser neuen Übung beginne. Nun notiere ich alle meine Wünsche:

Wie alt möchte ich werden? Zu welcher Jahreszeit möchte ich sterben? Wer soll an meinem Sterbebett anwesend sein? Wo würde ich gerne sterben? Was will ich anhaben (also mein äußeres Erscheinungsbild, wenn ich sterbe)?

Als nächstes beschreibe ich meine Wunschvorstellungen von mir selbst: Als was für ein Mensch will ich sterben? Habe ich meine Lebensaufgabe gut verrichtet? Bin ich in Frieden mit mir? Habe ich alles erreicht, was ich vorhatte? Bin ich mit allem versöhnt? Was für eine Persönlichkeit will ich im Moment meines Weggehens sein?

## Die tägliche liebevolle Pflege

Ich finde es sehr wichtig, dass wir täglich unseren Körper und unsere geistige Einstellung trainieren. Da nichts stehen bleibt, alles sich wandelt, integrieren wir diese Körper-Geist-Pflege am besten in unser tägliches Leben.

**Die tägliche liebevolle Pflege.**
Das kann morgens zum Beispiel so aussehen:

Sich mit Liebe massieren, waschen, strecken und verwurzeln;

Frauen massieren Herzbereich und Brustdrüsen, Männer Hoden und Prostata.

Die weibliche Brust und die männlichen Hoden bestehen aus Drüsengewebe, in dem ganz spezifische, starke Energiemengen vorhanden sind, die sich leicht verklumpen. Sind sie blockiert, so entstehen rasch Verhärtungen und Knoten. Daher sollte man diese Stellen mit besonderer Sorgsamkeit massieren.

Manchmal, wenn ich müde bin, entdecke ich viele Knoten in meiner Brust. Dann lege ich meine Hand darauf und fange an zu arbeiten mit dem „Inneren Lächeln“, mit dem Gut-Zureden und mache mir klar, dass ich zuviel geleistet habe, übermüdet bin. Manchmal dauert eine solche Massage die ganze Nacht. Danach sind die Knoten alle gelöst, während ich eine Art Muskelkater empfinde, bis sich alles entspannt hat. Wenn man solche Knoten hingegen vernachlässigt, bilden sich Verhärtungen, die ernsthafte Probleme nach sich ziehen. Bevor der Arzt etwas entdecken kann, sorge ich dafür, dass es erst gar nicht entsteht.

선 인

*Koreanisch: Suen In = Ein weiser Mensch*

*- Eine gütige Intelligenz ist die Weisheit der Natur –*

**„Bitte lobe mich doch mal“**

Jedes Lebewesen braucht Anerkennung. Sie ist Nahrung für die Seele und deswegen so wichtig für uns. Wir haben jedoch oft nicht gelernt, das Positive in Anderen zu sehen und zu bestätigen. Häufig sprechen wir nur über die Schwächen unserer Mitmenschen und äußern Kritik. Vielleicht kommen in diesem Verhalten wieder einmal unsere tierischen Wurzeln zum Vorschein: Konkurrenzgefühle, Revierbehauptung und Überlebenskampf – wir wollen besser sein als andere, indem wir deren Schwachstellen hervorheben.

Lob oder Anerkennung sollten von Herzen kommen und nicht wertend sein. Anerkennung ist Mitfreude und voller Entzücken. Lob für nahestehende Menschen sollte deren Persönlichkeit betreffen und weniger deren Leistung. Lobesworte, die bewerten oder gar Vergleiche zu anderen ziehen, sollten wir nicht aussprechen: Sie erzeugen statt Freude nur Scham und Unbehagen beim Gelobten.

**Bitte lobe mich mal.**

Ich meine, wir sollten ganz neu lernen, andere anzuerkennen, zu loben und ihnen zu danken, anstatt zu versuchen, sie „kleinzukriegen“.

Zum Beispiel: Anstelle sich übermäßig und mehrmals zu bedanken, könnte man seine eigene Begeisterung bewusst zeigen mit einem Ausruf: „Ach, das freut mich!“

Ich wünsche allen meinen Leserinnen und Lesern, dass sie den größtmöglichen Nutzen aus der Lektüre meines Briefes gewinnen.

안 녕

Koreanisch: An Nyoung = Wohl-Ergehen

*- Möge es Euch wohl ergehen -*

## Begriffserklärungen

*Chi:*

Gewöhnlich übersetzt man „Chi" mit Lebensenergie oder einfach Energie. Manche bezeichnen es als „Ur-Energie", die alles Leben entstehen lässt und alle Materie durchfließt und gleichzeitig zusammenhält. Ohne Chi würde das Leben nicht existieren. Chi ist die Urenergie, die universelle Liebe, unendliche Liebe, bedingungslose Liebe.

*Chi Nei Tsang (CNT):*

„Chi innere Organe" ist eine taoistische Form der Körperarbeit. Sie wirkt anfangs hauptsächlich im Bauchraum, daher wird sie in der Umgangsprache als Bauchmassage bezeichnet. Jeder kann diese Techniken lernen, um sie bei sich und anderen anzuwenden. Das Universal Healing Tao Center bietet dazu eine Ausbildung durch lizensierte Lehrerinnen und Lehrer, nach der man selbst therapeutisch tätig werden kann.

*Mantak Chia:*

Tao-Meister Mantak Chia ist der erste, der die alten verschlüsselten taoistischen Weisheiten übersetzt und weltweit bekanntgemacht hat. Er lehrt seit 30 Jahren in der ganzen Welt, bildet Tao-Lehrerinnen und Lehrer aus. Sein Sitz ist in Chiang-Mai, im Norden Thailands. Das Universal Healing Tao Center und das Tao Garden Health Resort und Training Center sind sein Heilungs- und Schulungszentrum.

*Maum*

ist Koreanisch und steht für „den spirituellen Seins-Zustand" eines Individuums. Im Maum drücken sich die persönlichen Charakterzüge und der innere Entwicklungszustand eines Menschen aus. Man spricht in Korea etwa vom „Studium des Maums". Ein „gutes" Maum kann angeboren sein, aber auch erlernt und trainiert werden. Die Qualität des Maums ist von der Schulbildung gänzlich unabhängig.

*Tao*

ist Chinesisch, wörtlich übersetzt heißt es „der Weg". Es leitet sich aus der Lebensphilosophie ab und besitzt vielschichtige Bedeutungen: der

Pfad, der wahrhaftige Lebensweg, die Vervollkommnung des Lebensweges usw.

*Taoismus:*

Der Taoismus ist eine Lebensphilosophie, die vor ca. 3000 Jahren von Laotse in Schriftform niedergelegt wurde. Es ist die Lehre vom Fluss der Lebensenergie, auch „Chi“ genannt, der Verbindung zwischen Natur und Mensch.

*Taoisten:*

Diese haben nicht nur sich und die Natur in einen harmonischen Zusammenklang gebracht, sondern durch verschiedene Übungen die Transformation von negativen zu positiven, von materiellen zu immateriellen Zuständen vollzogen, ohne mit dem physischen Tod in Berührung zu kommen. Sie hinterließen uns viele wirksame Praktiken, die auf ihrem jahrtausende alten Wissen und ihren Erfahrungen aufbauten. Bekannt geworden sind die taoistischen Heilkünste wie Akupunktur, Akupressur, verschiedene Massagearten, Heilmeditation, die Bewegungskünste Tai-Chi und Chi Kung, die Ernährungslehre, z.B. nach den 5-Elementen, die Heilkräutermedizin oder die Baukunst nach Feng Shui bzw. die Kampfkunst Kung-Fu.

*Tao-Lehrer/-in*

ist ein/-e Vermittler/-in von taoistischen Prinzipien und Übungen, wie sie in diesem Brief beschrieben werden.

*Universal Healing Tao Center, Tao Garden Health Resort und Training Center*

sind ein Zentrum der taoistischen Energielehre und -schulung. Ihr Gründer ist Tao-Meister Mantak Chia. Es gibt zahlreiche (Senior) Tao-Lehrerinnen und Lehrer sowie Schülerinnen und Schüler auf der ganzen Welt, auch in Europa sind viele Lehrerinnen und Lehrer aktiv. Mantak Chia's Sitz befindet sich in Chiang-Mai, im Norden von Thailand. Jeder kann sich dort erholen oder dem Studium der taoistischen Energielehre widmen. Nähere Informationen unter www.universal-tao.com oder www.taogarden.com.

*Yin & Yang*
sind Hauptsymbolbegriffe des Seins und Geschehens in der taoistischen Philosophie. Innerhalb einer Existenz verkörpert es die Dualität des weiblichen und männlichen Prinzips: Das eine kann es nicht ohne das andere geben. Es geht darum, eine Harmonie zwischen beiden Polen herzustellen, anstatt zu polarisieren.

## Literaturempfehlungen

**Abelar, Taisha**: Die Zauberin

**König Sejong der Große. Das ewige Licht Koreas** (erstellt von der Redaktion der Diamant Sutra Rezitationsgruppe)

**Mantak Chia**:

**Tao Yoga**: Praktisches Lehrbuch zur Erweckung der heilenden Urkraft Chi

**Tao Yin**: Das Praxisbuch zur Steigerung, Erhaltung und Wiedergewinnung der Lebenskraft

**Tao Yoga des Heilens**: Die Kraft des Inneren Lächelns und die Sechs Heilenden Laute

**Tao Yoga der Liebe**: Der Weg zur unvergänglichen Liebeskraft (für den Mann)

**Tao Yoga der heilenden Liebe**: Der geheime Weg zur weiblichen Liebesenergie (für die Frau)

**Tao Yoga der heilenden Massage**: Chi Nei Tsang - Energiemassage der inneren Organe

Weiterführende Übungs- und Meditations-Bücher von Mantak Chia: **www.universal-tao.com**

## Chong-Mi Müller

ist Koreanerin und in der taoistischen Tradition aufgewachsen. Seit vielen Jahren arbeitet sie als Heilpraktikerin und spirituelle Therapeutin. Sie leitet als international anerkannte Senior Tao-Lehrerin ihr eigenes Lehrinstitut für „Chi Nei Tsang & Cosmic Healing". Ihre Hauptwirkungsstätte liegt in der Nähe von München, sie ist aber auch weltweit mit Seminaren und Vortragsreihen aktiv.

## Referenz von ihrem Lehrer Mantak Chia

„1985 habe ich München auf meiner Lehrreise durch Europa mit einbezogen. Dort habe ich die junge Studentin Chong-Mi kennen gelernt. Sie hatte bereits Erfahrung mit taoistischen Übungen und Tai Chi und so ermutigte ich sie, ihre Praktik zu vertiefen.

Sie hat sich mit Respekt und Enthusiasmus entwickelt. Heute ist sie eine Senior-Lehrerin des Universal Tao und setzt ihre Entwicklung mit ihren Studenten fort, indem sie ihren Enthusiasmus mit offenem Herzen vermittelt.

Mit viel Erfahrung führt sie die Teilnehmer ihrer Seminare durch deren Heilungsprozess und ihr respektvolles, offenes Herz lässt ihre Arbeit wachsen und reifen.

Chong-Mi's „Meine innere Stärke" schrieb sie mit der freimütigen Hand einer Mutter, deren Yin bereit ist zu trösten und zu führen. Lesen Sie diese nachhaltige Lebenshilfe und Unterstützung mit dem gleichen Geist, wie sie angeboten wird – mit respektvollem, offenem Herzen."

*Mantak Chia*